はじめに

最終回ツーアウト満塁の場面――

バッターボックスのお子さんは何を考えているのでしょうか？

その時に指導者や親御さんが何をしてあげられるのでしょうか？

この時に選手も親も指導者もできることは、もう限られています。

私が皆さんにお話ししたいことは、

「この打席までに何をしてきましたか？」ということです。

選手として、親として、指導者として、
最終回ツーアウト満塁のこの打席までにいろいろな過程があったはずです。

この場面でサヨナラヒットを打った選手が「気持ちだけで打ちました」とよく言います。

もちろん、気持ちだけではなく技術もあったから打てたのですが、
この「気持ち」はこの打席だけで作られたものではありません。

最終回ツーアウト満塁までに親がしてあげられたこと、指導者がしてあげられたこと、

そして、選手自身がしてきたこと。その全てがこの場面で出るのです。
選手は――
自分自身との約束を守ってこられましたか？
仲間を大切にしてきましたか？
親へ感謝の気持ちを持っていましたか？
親御さんは――
子供に「期待」ではなく「応援」をしてきましたか？
どんな状況でもお子さんを受け止めてきましたか？
指導者の皆さんは――
「感情」ではなく「愛情」を持って指導してきましたか？
「勝ちたい」のではなく「勝たせてあげたい」と思っていましたか？
今までの全員の思いと行動が究極の場面で出るのです。
本書で「最終回ツーアウト満塁までの道のり」を一緒に歩いてみましょう。

～年中夢球～

目次

第1章
最終回ツーアウト満塁までに「野球少年」ができること

第2章
最終回ツーアウト満塁までに「高校球児」ができること

第3章 最終回ツーアウト満塁までに「親」ができること

第4章 最終回ツーアウト満塁までに「指導者」ができること

第5章
最終回ツーアウト満塁　その場面がきた！

第6章
野球と出会えたから野球をやり続けたから　心に響く感動の話

第1章

最終回ツーアウト満塁までに「野球少年」ができること

「ある日、バットもグローブもお弁当もなくなったら」

～「あるもの」は当たり前ではない～

「感謝をしなさい」と子供に言いますが、感謝の気持ちは心で感じるものです。
ある日、朝起きてみると……朝ご飯がない。ユニフォームがない。バットがない。
グローブもない。帽子も、ベルトも、スパイクもない。
いつものグラウンドに行くと……グラウンドがない。監督がいない。コーチもいない。
審判もいない。お弁当がない。仲間がいない。みんなの声も、みんなの笑顔もない。
家に帰ってくると……夜ご飯がない。お風呂がない。布団がない。
今、当たり前に「ある」と思っているものは全て「当たり前」ではないんです。
お母さんがいてくれるから……お弁当も御飯もあるんです。

お父さんが一生懸命働いてくれたから……グローブやバットがあるんです。

監督やコーチがいてくれたから……野球を教えてもらえたんです。

仲間がいてくれたから……たくさん笑えたんです。

審判がいてくれたから……試合ができたんです。

戦う相手がいてくれたから……練習の成果を見せられたんです。

野球少年の皆さん、そう考えると皆さんが当たり前に「ある」と思っているものは全て「有り難し」ものなのです。

お弁当を食べる時……お母さんの顔を思い浮かべてください。

グローブを磨く時……お父さんの顔を思い浮かべてください。

素振りをする時……監督やコーチの顔を思い浮かべてください。

辛い時……仲間の顔を思い浮かべてください。

そして、「ああ、有り難いことだな」と心で感じてください。

それを「感謝」といいます。それを言葉にすると「有り難う」という言葉になります。

野球ができることは、「有り難い」ことなんです。全てはこの気持ちから始まります。

「野球ノートは自分と向き合うために使う」

～数字を書くだけの野球日記ではない～

「自分と話し合う時間が、ソチの頃は足りなかった」

2018年平昌オリンピックで銅メダルを獲得した時の高梨沙羅選手の言葉です。野球に限らずスポーツは人に感動を与えてくれます。子供が自分と向き合う時間、自分と話し合う時間……私たち大人にも言えることですね。日々、忙しい時間の中で自分と向き合い、自分と話し合う時間が作れていないことに高梨選手の言葉で気づかされました。

そして、野球の指導にもこれは同じことが言えるのではないでしょうか？　子供たちが自分について考える時間を私たち、指導者や親御さんは与えられているのでしょうか？

「子供たちにこうなってほしい」

親として指導者として皆さんその思いがあるでしょう。ですが、「子供自身がこうなりたい」という思いのほうが大切なのではないでしょうか？

チーム選び、高校選び、こういう野球選手になりたい……そんな子供の思いを今一度確認してみることも必要です。

高梨選手は自分と話し合う時間を持つためにノートを持ち歩いたそうです。皆さんのお子さんは野球ノートをつけているでしょうか？　私は選手に「野球日記にならないように」と話しています。「野球ノート」として活用してほしいと思っています。

野球ノートに毎日の自主練の「数」だけを書いてくる子がいます。

「素振り200回」「ランニング5キロ」

数を書くことも「記録」として必要ですが、野球日記にならないようにと言っているのは「自分で考えたこと」を入れてほしいからです。つまり「記憶」の部分です。

練習や練習試合の時、「今日は上手くいかなかった」で終わらせるのではなく、「なぜ上手くいかなかったのか?」。「今日は悔しかった」で終わらせるのでもなく、「悔しくないようにするためには何が必要なのか」と自分で考えたことを書きなさいと子供たちに話しています。子供たちが考えることが一番成長することに繋がると思っています。自分で考えるといっても小学生には毎週毎週は難しい部分もありますよね。こういう時は大人からお題を投げかけて考えてもらうのもいいかもしれません。

「今のチームに必要なものは何だろう?」

「〇〇チームに勝つにはどうしたらいいと思う?」

「変化球を打つために大切なことは?」

ノートの最後にこちらがひと言アドバイスをし、子供に「考えさせる」ことも一つの方法。何かを書くという作業は、「自分と向き合う時間」「自分と話し合う時間」になります。練習中にも自分と話し合う時間が必要な時があります。ノックの最中にボールから何度も逃げてしまう……。前に出られない……。そういう選手に私は「一度、グラウンドを出なさい」と言います。怒って出しているのではなく、「自分自身と話してきなさい」という思いです。「覚悟が決まったら自分からグラウンドに入ってくるように」そう話しています。

監督・コーチの指示はもちろん大切ですが、「自分と話し合う時間」を作ってあげることも大切です。

高梨選手は二本目を飛ぶ前に「後は自分を信じるだけ」そう思って飛んだそうです。自分と向き合ってきた自分だから。自分と話し合ってきた自分だから。きっと自分を信じられたのでしょう。自分と向き合うために野球ノートはいいきっかけになります。ノートの中の「自分」とたくさん会話をしてください。書くことを積み上げていけば「自分だけの教科書」になるはずです。

「目標は〝作る〟ものではなく〝継続〟するもの」

～達成したいことを実現するための自分との戦い～

目標を立てるにはタイミングがあります。何もないところからいきなり目標を立てることは難しいでしょう。仮に目標をなんとなく立てたとしてもその目標は長続きしないはずです。

なぜなら「覚悟」がその目標にないか、ゆるい覚悟だからです。ある意味、目標を立てることは誰にでもできます。ですが、次の①から④までを継続してできる人は多くはありません。

①目標を立てる人

②目標を追い続けられる人
③目標を修正し見つめ直す人
④さらに目標を続けられる人

大概の人が①だけで終わるか②の途中で終わってしまいます。それは「強い覚悟」がないからです。ではどのようにしたら「強い覚悟」が持てるのでしょうか?

①大きな成功体験
②信頼ある人からの言葉
③大きな挫折

この3つの時に「強い覚悟」を持つチャンスです。強い覚悟は継続力を生み出します。特に挫折は自分を変える絶好のチャンスなのです。

目標はノルマではありません。ノルマは他人から与えられるものであり目標は自分が作り出すものです。

また目標は、やらなければいけないものではありません。他者から強制されるものでもありません。何らかの達成したいことを実現するための自分との戦いです。

しかし、自分で立てたはずの「目標」が途中から「ノルマ」になってしまう選手がいます。「ノルマ」だと感じてしまうから継続できなくなってしまうのです。「やる」からいつの間にか「やらされている」と感じてしまうのでしょう。そうなってしまった場合は常に、「なんのために?」と自分で自問自答することです。そして「挫折した試合」を思い出すのです。

「過去の悔しい思いをした自分をそのままにしておくのか」

「過去の悔しい思いをした自分に打ち勝つことができるのか」

目標に向けての努力を継続した人間だけが過去の悔しい思いを変えることができるのです。そして、目標達成に向けてのがんばりを継続した人だけが最終回満塁の場面で結果が残せるのです。

「届かなかったあと15センチ」

～努力の結果は出ないこともあるがしないと後悔が残る～

先日、こんな話を聞きました。

「ダイビングキャッチをしたけど、あと15センチ届かなかったんですよ。その15センチの練習が足りなかったんですよ」

たった15センチ。されど15センチ。その15センチが勝ち負けを左右し、時には一生背負いこんでしまう時もある。スタートダッシュの練習をもっとしていたら届いたかもしれない15センチ。打球の判断力をもっと養っていれば届いたかもしれない15センチ。そういう紙一重のところで勝敗がついてしまうのが野球です。毎日、素振りを50回増やしていれば、打てたかもしれない。毎日、もっとご飯を食べていれば、打球が外野の頭を越えていたかもしれない。毎日、もっと走り込んでいたら、バッターを抑えられたかもしれない。ひとつの結果が出たときに、そんなことを感じてしまうのかもしれません。

８６８本のホームランを打った世界の王選手は、８６８本「しか」ホームランを打てなかったと言ってバットを置きました。ソフトボールの上野選手は「今日も満足する練習ができなかった」と思い１日が終わるそうです。「打撃の天才」と言われた広島の前田選手は、ヒットを打った後でも一塁ベース上で首をかしげるシーンが多くありました。

結局……本人の中で満足をすることがないのでしょうね。

我々からすると８６８本「も」ホームランを打ったと思うのに王選手からしてみれば８６８本「しか」という考え方になるわけです。「も」なのか「しか」なのか……毎日の素振りも同じですよね。３００回「も」振ったと考えるのか、３００回「しか」振らなかったと考えるのか。もうダメだと考える自分とまだまだ振れると考える自分がいる。まだ振れるという自分が勝ってバットを振り続ける。もうダメだと思った時からバットを振ることに大きな意味があると思うのです。そういう紙一重の気持ちが後々に大きな差を生むはずです。

がんばった「つもり」では積もりません。がんばったつもりの素振りは「すぶり」ではなく、「そぶり」です。毎日毎日、これでもかと思って練習をしても、エラーをしてしまうし、ここぞの打席で打てないこともあります。だからこそ、毎日の練習を妥協せずに、「も」ではなく「しか」という考えが必要なのです。

努力をせずに結果が出なければ後悔しか残りません。努力をして結果が出なくても後悔は残ってしまうかもしれません。ですが、これからの野球人生や後々の人生に役立つ「経験」という貴重なものを手に入れられるはずです。

「バックアップの本当の意味」

～守備の選手ができること～

「仲間に最高のプレーをさせるためにバックアップに行きなさい」

バックアップというとチームのミスを最小限に食い止めるものですが、僕はもうひとつの意味をこう伝えてきました。

外野フライが上がってダイビングキャッチをしようかどうか迷っている時、

「あいつが後ろに来てくれているはずだ！」

「俺がバックアップに来ているぞ！」

という信頼関係があるからこそダイビングキャッチができるわけです。

バックアップ……「後ろ盾になること」と辞書には書いてあります。そして後ろ盾は、「陰にあって力を貸し、背後を守るもの」そう書いてありました。ですから、ダイビングキャッチをした時は……ダイビングキャッチをした選手はもちろんですが、思い切ったプレーをさせるために「バックアップ」に行った選手との二人のファインプレーなんですよね。しかし、仲間が全速力でバックアップに来てくれたのに勇気あるプレーができない選手もいます。

練習で外野フライを打っている時に思い切ったプレーをしない子がいました。

「後ろを見てみろ。お前に最高のプレーをさせようとコイツは全力で走ってきたんだぞ。お前が全力でプレーしないでどうするんだ！」

そう話しました。

後ろ盾になっている選手が息をハーハーしています。バックアップに来た選手がダイブするか迷った選手に「いけー！」と声をかけることもあります。ダイブしようかどうか悩んでいる選手には勇気を持たせてくれる言葉だったはずです。

なかなか思い切ったプレーをできない選手がいるかもしれません。でも……俺のためにがんばってくれる仲間がいる。そう思うことによって子供は思い切ったプレーをしようとするのかもしれません。

自分のために全力でがんばってくれる仲間がいる。そう思うことによって戦おうという本当の気持ちが芽生えるのかもしれません。

バックアップというのは仲間のミスを最小限に留めるだけでなく、迷っている仲間に最高のプレーをさせるために行うものだと思います。仲間に最高のプレーをさせるために周りが全力でカバーに行く。そして、そのためには、普段からの信頼関係が必要になってくる。これは、これから社会に出ても役に立つことだと思います。「野球から学ぶことは多い」とよく言いますが、バックアップはそのうちの一つだと思います。

最終回満塁の場面で仲間に最高のプレーをさせるためのバックアップは練習から積み重ねた者にしかできません。

「野球選手に必要なあかさたな」

～技術だけでなく人間力も大切～

野球少年は、野球だけ上手であればいいわけではありません。野球選手に必要なものをまとめてみました。

【あ】挨拶に心がこもっている選手であること。
【い】今に満足しない選手であること。
【う】上手くいかない時にふてくされない選手であること。
【え】笑顔が出せる選手であること。
【お】想いを言葉にできる選手であること。

【か】壁を乗り越えられる選手であること。

【き】気配りができる選手であること。

【く】苦しみの先に楽しさがあると信じている選手であること。

【け】経過を大事にする選手であること。

【こ】声掛けができる選手であること。

【さ】最後まで自分と仲間を信じる選手であること。

【し】時間を守れる選手であること。

【す】「済みません」の気持ちを持ち続ける選手であること。

【せ】成信力（自分の成功を信じる力）を持っている選手であること。

【そ】想像力を創造力に変えられる選手であること。

【た】楽しさと楽を間違えない選手であること。

【ち】チームのためにがんばれる選手であること。

【つ】伝えることを私生活からしている選手であること。

【て】手にマメがある選手であること。

【と】どんな状態でも自分に希望を持つ選手であること。

【な】何事にもチャレンジしようとする選手であること。

【に】人間力が高い選手であること。

【ぬ】ぬるま湯に慣れない選手であること。

【ね】熱意を持っている選手であること。

【の】伸び伸びと野球をする選手であること。

【は】早く行動できる選手であること。
【ひ】一人より全員の強さを知っている選手であること。
【ふ】不平不満ばかりを言わない選手であること。
【へ】部屋を綺麗にしている選手であること。
【ほ】本気で取り組める選手であること。

【ま】毎日何かを続けている選手であること。
【み】未来から今の自分を見ることができる選手であること。
【む】「無理！」とすぐに言わない選手であること。
【め】目配りができる選手であること。
【も】目的を持って行動する選手であること。

【や】「やらないこと」を「やれないこと」と間違わない選手であること。
【ゆ】夢を持っている選手であること。

【よ】喜びを仲間と分かち合える選手であること。

【ら】楽をしない選手であること。

【り】リラックスできる選手であること。

【る】ルールを守れる選手であること。

【れ】冷静さを持てる選手であること。

【ろ】労を苦としない選手であること。

【わ】わかったふりをしない選手であること。

最終回満塁の場面で結果が出せるのは技術だけではありません。これらの人間力も大切なことなのです。

「声が出るチームに変わる方法」

～ベンチプレーヤーができること～

「声を出せー」

と言ってもなかなかその重要性は伝わりません。重要性がわからないから声を出さないのかもしれません。ツーアウト満塁で攻撃中。皆さんのチームではベンチの選手はどんな声を出していますか？

ワンアウト満塁で点数が入るケースは、どんなことがあるでしょうか？　ちょっと一緒に考えてみましょう。

①　タイムリーヒット　②　犠牲フライ　③　スクイズ　④　セーフティスクイズ

⑤内野ゴロ　⑥ワイルドピッチ
⑦パスボール　⑧ボーク

ざっと考えただけでもこれだけ点数が入るケースがあります。

③④は戦略的なことなので声に出すのは難しく、⑧のボークを誘導する声を出すチームはないでしょうから、その3つを除く5つの点数が入るケースがあるわけです。ということは少なくともベンチはこの5つのことに関する「声」を出せるわけです。

バッターには、「ベルトより上の球を狙って行こうぜ！」「初球来るぞ！」

ランナーには、「カーブ、ワンバンあるぞ！　後ろそらしたらゴーだぞ！」「キャッチャーが後ろにそらした方向見ておけよ！」「二遊間の位置、確認しろよ！　あんまり前に出てきてないぞ！　二遊間に行ったらゴロゴー！」「外野の位置確認しておけよ！　外野フライで帰って来いよ！」

逆に守っている側は、これだけのことを想定して守っていれば、その分の声が出るはずです。

要は選手がどれだけのことを想定できているのか、ということです。

もっと言えば、指導者がどれだけ練習で「想定」という名の「準備」をさせてきたのかです。大事な場面になるとバッターばかりに目が行きがちになり、ランナーが牽制でアウトになるケースもあります。ベンチの選手やランナーコーチャーの声で防げたかもしれません。

選手自身がどれだけのことを想定しているか考えるのは大切なことです。そういう想定ができる選手は勝手に「声」が出るのです。逆にいえば想定ができない選手は「言葉の量」が足りなくなってくるのは当たり前です。

だからこそ選手は自ら場面を想定し、練習していくのです。

「この場面は何があり得るのか」

を指導者が先に答えを言わずに、子供が自ら考えることによってそれは真の想定になるはずです。

「バッチこーい」のように気持ちの入っていない声は長く続けて出すことはできません。打っている時も、守っている時も、想定・準備の声は限りがありません。指導者は、

「声を出せー」

と言う前に、子供たちが考えた想定を思い出すように声をかけることで言葉の量を増やすほうが大切です。

最終回満塁の場面で攻撃側も守備側もどれだけのことを想定し、声を出し、確認できるのでしょうか？ 日頃から想定しながら考えていないと、いきなり試合の時だけ考えられるものではありません。

「1勝懸命になっているか」

～練習の一球は試合に繋がっている～

たった、1点で勝者と敗者が決まってしまう。それが野球です。

もっと言えば、1球の重みであり、1プレーでも流れが変わることもあります。1マス分ベースに届かなかった負けもあります。あの時、バントが決まっていたらランナーを1マス進めることができて勝っていたのに……。

野球というスポーツはこの「1」という数字に大きく左右されるスポーツです。1つのプレーで大きく流れが変わってしまうのが野球です。その1つ1つのプレーの精度を上げるために練習があるわけです。

練習は、「試合の一部を再生するもの」です。ダッシュも、ティーも、キャッチボールも、シートノックも、すべて試合に出てくる一部分を再生しているものだと思うのです。すべての練習が試合に繋がっているという意識を持つことです。

ダッシュ1本の大切さやティーの1球の大切さ、バント練習の1球の重さがわかってくるはずです。それが試合での1勝に繋がるのです。

試合の1点や1球の大切さは練習でどれだけ「1生懸命」やってきたのかが問われます。その「1生懸命」が1勝をするために必死になってがんばってきた「1勝懸命」になっていたのかどうか……。

試合中、「1生懸命」走る先には、「1生懸命」のランコーがいる、「1生懸命」になって声を出すベンチプレーヤーがいる。

その1点は練習中から皆が必死にがんばった1点なのです。それがチーム全員が懸命にとった1勝なのです。

皆さんのチームは全員が「1勝懸命」になっているでしょうか？「1」に執着したチームが最後の最後に勝利を手繰り寄せるのです。

「何でアウトコースを続けた？」

〜プレーには理由があるはず〜

「理由は何だ？」

私は子供にプレーについての理由を聞きます。例えばキャッチャーの子が「？」という配球をしたとします。

「何であの配球だったんだ！」

「何であそこでカーブなんか投げさせたんだよ！」

と頭ごなしに怒っても次に繫がらないと思うんですね。純粋に聞いてみたいんです、子供の考えを。考えるからこそ次のプレーに繫がり、野球の奥深さがわかると思っています。

ただ「カーブだったら打ち取れそうだったから」みたいな理由は禁止にしています。そ

れは「理由」にはなりませんから。「理由」＝「根拠」です。子供がそのバッターを打ち取れると思った根拠を私は知りたいんです。

ある時、3球続けてアウトコースへ配球し、4球目もアウトコースのサインで打たれてしまいました。ゲーム終了後、キャッチャーの子に「理由」を聞いてみました。

「4球アウトコースを続けたけど、どこかで1球インコースを見せようとは思わなかった？　それとも4球アウトコースを続けた理由はあるの？」

彼は、

「3球目にインコースでしたよね？」

「いや4球目とも外だったぞ」

彼は3球目にインコースのサインを出したのですが、ボールは逆球になってアウトコースに来ていたんですね。彼は「来たボール」ではなく「サインを出したボール」で配球していたので結果的にアウトコースを4球続けてしまったことになります。

「いいかい、サインした配球じゃなくて来たボールで配球するんだぞ」

と話しました。頭ごなしに叱っていたら、子供もわからないままで先に進んでしまいます。もちろん、リードに正解はありませんが。

ある時、大事な場面でノーサインで盗塁をしてアウトになった子がいます。

「あそこで走った理由は？」

と聞きます。

「行けると思いました」

は「理由＝根拠」にはなりません。

「今まで三球続けて牽制を投げたことがなかったので行けると思いました」

「おー、きちんと根拠があったんだな」

と感心しました。

「根拠があったならそれはそれでいい。だけど点差と場面を考えたらあそこは行く場面ではないな。それにピッチャーがここぞという場面までわざと三球牽制を続けてこなかったのかもしれない。そう考えるとお前はその罠にかかったのかもしれないな」

彼らはまだ子供です。一つ一つ野球を覚えている最中です。監督やコーチの思い通りに動いてくれません。ただ彼らの頭の中にある「理由」を聞いてあげることで次に繋がります。逆に選手からすると「理由」を言えるようにならなければなりません。「理由」を言えるということは野球を勉強している証拠です。

「何となく」一つ一つのプレーをしていても上達しません。野球中継を見たり、ＹｏｕＴｕｂｅを見たり、練習や試合で野球を勉強しなければいけません。そして、失敗も大切なのです。失敗を次に繋げるためには「理由＝根拠」が大切です。

そういう野球の奥深さを一つ一つ積み重ねることが経験となって最終回満塁の場面で「根拠」という武器に変わるはずです。

「楽しい野球にあって楽な野球にないもの」

～本当の楽しい野球は奇跡を起こす～

「楽しい」という言葉と「楽」という言葉は同じ「楽」という漢字を使いますが、私は「楽しい」と「楽」は相反するものだと伝えています。

本当に楽しいものは楽ではないし、楽なものは本当に楽しいものではない。本当の楽しさを求めるのであれば楽は諦めなければいけないし、楽をしたいのならば本当の楽しさは諦めなければいけません。

「子供に楽しく野球をやって欲しい」

最近、多くの親御さんがこの言葉を口にされます。楽しい野球とは何なのでしょうか。努力の先で得た楽はいいかもしれませんが、何の努力や練習もせずに最初から楽を求めるのは間違いです。

楽をする子は「飽きる」のです。結果的に「楽をする」とつまらなくなるからです。楽には「満足感」がないからです。

楽しさを感じたい子は、

「もっと上手くなりたい」

「もっと勝ちたい」

そう思っているわけです。

この「もっと」が彼らを上達させます。野球を上手になりたい。このチームで勝ちたい。そのためには「楽」な道はないと彼らは知っています。楽の中に本当の楽しさはありません。楽ばかり求めると楽しさから遠ざかってしまいます。

毎日することがない学生が、

「なんか面白いことねーかなー」

「マジで毎日つまんねー」

と言うのはまさにこれです。

何をやってもつまらない、満足感が得られない、それを「楽」ばかりしている自分のせいだと気が付かずに不平不満を言い出してしまいます。楽に慣れてしまえばしまうほど、本当の「楽しさ」が味わえません。

「楽しさ」ってプロセスだと思うんですよね。そのプロセスには「辛い練習」や「挫折」も入っています。それも楽しさの一つなんです。成功体験や失敗を重ねながら自分の目標に向かっていく。「楽」にはプロセスがありません。

彼らが野球を終えた後、「楽しさ」を知っている人間は社会に役立つことがたくさんありますが、「楽」だけを求めた人間は何もありません。そして、社会に出ても再び「楽」を探してしまい、「なんか楽しいことないかなー」と言い、「本当の楽しさ」を知らない大人になってしまいます。

楽しいものには「満足感」と「プロセス」がありますが、楽なものにはこの二つがありません。楽しいことは結果に出ますが、楽なことは結果に出ることはありません。

「野球少年に知って欲しい野球に必要な7つの〝じん〟」

～心を感じ取れる選手になってほしい～

野球に必要な「信」

野球は「信じる」スポーツです。仲間を信じ、指導者を信じるスポーツです。ですが、一番信じなければいけない人は誰でしょうか？　それは「自分」です。自分を信じると書いて「自信」です。自分を信じられなければ仲間を信じることもできません。

野球に必要な「真」

真剣・真実・真価・真の勇気・真の絆……この漢字は「嘘偽りないこと」という意味で使われます。野球というスポーツに「真」の気持ちでぶつかってください。

野球に必要な「伸」

自分はもう野球が上手くならない。自分はもう伸びない。そんなことを思う時があるかもしれません。青竹は4年間はまったく伸びていないのに、5年後に一気に伸びます。最初の4年間は「根」が成長しているのです。諦めるのはまだ早いかもしれません。今の君は根が伸びているのです。

野球に必要な「進」

野球をしていく上で前進しなければなりません。ですが、時には挫折をし、転んでしまうこともあるでしょう。転ぶということは前に進もうとしている証拠です。転んでも転んでも前に進もうとする気持ちを野球で身につけてほしいと思っています。

野球に必要な「親」

野球少年の君を、ずっと支えてくれているのは「親」です。君の八つ当たりも受けとめてくれる母。言葉数は少ないけどずっとサポートしてくれる父。いずれやってくるかもしれない高校野球が終わった時、親に感謝の気持ちを持てる「孝行球児」になってください。

野球に必要な「辛」

野球には辛いと思える瞬間がたくさんやってきます。「辛い」と「楽しい」を分けてはいけません。野球の「楽しさ」の中に「辛さ」も入っているのです。何千回も振ったバットから生まれるヒット。厳しくて辛い練習の先に本当の野球の楽しさがあります。

野球に必要な「心」

最後までがんばる大切さ。仲間との絆。親への感謝。これらは形として見えるものではありません。「心」で感じたことです。野球を通してこういうことを心で感じ取れる選手になってください。そしてその心は野球を辞めた後でもずっと君たちの心に生きているはずです。

COLUMN 1

「選手」あるある！10選

1 鳥の影をボールと
間違えてビビる時がある

2 練習試合が終わると相手より
先にトンボを取らないと怒られる

3 サインミスを連発し
監督が怒って「お前ら好きにしろ！」
と言った瞬間に打線がつながる

4 練習前に必ずどこかのベースを
埋め込む穴が見つからない

5 学校もトレシュで行く

6 ピッチャーじゃないヤツが
休み時間にサイドスローで遊びだす

7 打てなくなったらYouTubeを見始める

8 公式戦前はいつから三厘にするか考える

9 使いこんだティーのボールは
この世のものとは思えない臭いがする

10 野球のない日なのに
「スラパンのほうが落ち着く」と
ずっとスラパンのヤツがいる

……あるある（^_^;）

第2章

最終回ツーアウト満塁までに「高校球児」ができること

「君は〝やれない〟のではなく〝やらない〟のではないか？」

～言い訳していたら時間は終わってしまう～

高校1年生は野球部に入部して半年、高校2年生は最後の夏まで約半年。今こそ、入部したときの「希望」を思い出してほしいと思っています。

君はやれなかったんじゃなくて、やらなかったんじゃないのか？

本当は負けて悔しくて悔しくて仕方がない試合があったはずだ。

その時に自分と向き合うのが怖くて、笑ってごまかしてきたんじゃないのか？

君はやれなかったんじゃなくて、やらなかったんじゃないのか？

「指導者の教え方が悪い」「他の選手もそんなにやる気があるわけじゃないから」「甲子園に出るようなチームじゃないから」「特待生の連中には敵わないから」――確かにそうな

のかもしれない。

でも、君はやるだけのことをやったのだろうか？ 自分で納得できるぐらいがむしゃらに野球と向き合ってきたのだろうか？

いつの日からか、自分がやらないことの「言い訳探し」ばかりしてきたのではないか？ 君はやれなかったんじゃなくて、やらなかったんじゃないのか？

高校入学当初は希望に溢れていたのに、自分で自分の力を決めつけ、自分で自分の力に限界を決めて、どこかで自分は無理だと……。ただ練習に参加しているだけの選手になっているのではないだろうか？


「やれないこと」と「やらないこと」は違います。

もっと言えば、「やること」と「やり続けること」も違います。

「いつか」「そのうち」「もういいや」

自分に言い訳ばかりしていると、高校野球はあっという間に終わってしまいます。

本当にあっという間に……まだ熱くなれる時間は君たちに残されています。

「春の来ない冬はない。冬にこそできることがある」

～地中で仲間の根と絡み合い、強い絆となる～

「何も咲かない寒い日は下へ下へと根をのばせ。やがて大きな花が咲く」

マラソンの高橋尚子選手の座右の銘です。厳しい冬練は試合もなく、ある意味単調なトレーニングの毎日です。そして、成果が目に見えないことが多いものです。特に最後の夏をあと半年後に迎える高校2年生へ。

～冬練の詩《うた》～

冬のない春はないし夏もありません。

夏に大輪の花を咲かせたければ、今はただただ根を下に下に、そして、太く太く……。

こんな練習をしていて意味があるのだろうか。もう走れない、もう体が動かない、もうがんばれない、辛くてたまらない。そんなことも思うかもしれません。でも、君の眼には見えないかもしれないけど根っこは成長しています。

半年後、高校2年生は高校野球最後の夏を迎えます。君たちは一人一人自分だけの花を咲かせます。それは、グラウンドなのかベンチなのかスタンドなのかはわかりません。「置かれた場所」で咲くのです。

でも、今はまだ「置かれた場所」ではなく、「グラウンドの中の場所」を目指してがんばるのです。そこをがんばるからこそ、そこを目指すからこそ「置かれた場所」で咲けるのです。その時に冬の根の強さを思い出すでしょう。

君たちが今、下に太くしている根っこは地中で他の仲間の根と絡み合い、強い強い「絆」となっています。

辛くて倒れそうだと思っても、周りの根が君を倒さないようにしてくれています。辛いのは一人じゃありません。辛くなったら横を見てください。そこには「仲間」がいます。そういう「共有」した気持ちが仲間を想う「共優」に変わります。そういう「共有」した気持ちは最後の夏の大会で仲間が勇気をくれる「共勇」に変わります。

冬に厳しい練習を共にしたからこそ、仲間との最後の夏があります。私の娘もこの夏に高校野球のマネージャーを終えました。今、思い返すとこの「冬」という季節が一番穏やかな気持ちでいられたような気がします。

春になると嫌でも、「高校野球最後の日」が頭をよぎります。春の大会、夏の抽選会、いつもは早く始まってほしいと心待ちにしていた高校野球が、今年だけは時間が止まってほしいとさえ感じていました。

「高校球児」でいられる時間はあっという間です。

夏は思った以上に早くやってきます。

「今、高校野球を辞めたいと思っている君へ」

～高校野球は辛さや苦しさの連続です～

高校野球の仲間は永遠だと言います。何年経っても、何十年経っても、その仲が変わらないのはなぜでしょうか？

辛さや苦しさは見せたくないものですが、厳しい厳しい練習、時には先生に叱られることもある。ひょっとして、もう自分はメンバーに入れないんじゃないか。ひょっとして、自分は野球に向いていないんじゃないか……。そんな気になって野球を辞めたくなることもある。

苦しい姿や辛い姿っていうのは本来、人に見せたくないものです。涙っていうのは本来、人に見せたくないものです。私自身もそう思ってずっと過ごしてきました。でも、今、私の側にいてくれる友人は、私の辛い姿も涙も見せたことがある友人ばかりです。

高校野球というのは辛いことや苦しいことの連続です。その苦しさや辛い時、１人で抱えなくていいのです。そんな時に仲間がいるのです。

今、お子さんが高校球児で、そして人間関係で悩んでいるとすれば、ひょっとすると自分を見せていないからかもしれません。自分を見せないと、時として誤解を生むことが人間関係にはあります。

バッティングでオープンスタンスってありますよね。いろいろなメリット・デメリットがありますが、メリットの一つに「ボールが見えやすい」ことがあります。ボールが良く見えるように、自分をオープンにしたほうが仲間になれるはずです。

辛い時や苦しい時に自分一人で抱えこまないようにしましょう。

自分の本当の姿を見せることはとても勇気のいることです。

でも、その姿をオープンにすることによって、相手もあなたをわかることができるのかもしれません。そして、あなたも自分自身のことが見えてくるのかもしれません。それに自分を知らないで自分をわかってもらうことはできないものです。

野球を辞めたい……、そんな時に一人で悩んでいるのではなく、その姿を見せることで君を救ってくれるのは、仲間たちです。

高校野球を終えても仲間との絆がいつまでも途絶えることがないのは、最終回のツーアウト満塁の場面で、いやゲームセットになるまで、必死に戦い、辛さや苦しみを見せ合ってきた仲だからなのかもしれません。

「できるのにやらない選手は、できない選手なんです」

～誰かのひと言で変われるかもしれない～

「やればできるのに……」お子さんが野球や勉強でこんなことを言われた経験はありませんか？ 私も成績表の裏によく書かれました（笑）。野球でも監督によく言われました。練習も嫌いでしたから（笑）。この言葉の印象ってどう思われますか？ 今、考えてみると危機感ではなく逆に安心感を持っていたような気がするんですね。

「俺はやればできるからいつかどうにかなるだろう」

そんな甘い考えを持っていました。この言葉を言われるたびに危機感を持っていなかった自分。新しい監督になった時にコーチが、

「コイツはいいものを持っているのに……やればもっとできるんですけど」

監督に私をそう紹介しました。

1か月ほど経って、監督に呼ばれて私はこう言われました。

「君は、やればできる選手ではない。やらないからできない選手なんだ。野球をする上で一番大切な根本的なことができていない選手だ」

頭をガツーンと殴られた気がしました。やればできる子ではなく、やらないからできない子。同じような意味でも私自身のとらえ方が変わり、危機感を持つようになりました。

では「やればできる子」と言われている選手にはどんな特徴があるのでしょうか?

①「めんどくさい」が口癖の子

やればできる子と言われている選手はこの言葉をよく使います。やらないからできない選手なわけですから「やることがめんどくさい」のです。練習や自主練をするにもそれをする意味やその先にあるものより、目先のことをするのが「めんどくさい」のです。

②「最悪」「終わった」とすぐに言う子

大したことが起きたわけでもないのに、「うわっ最悪」「まじ終わったわ」などの言葉を多用する選手も「やらないからできない選手」の特徴です。そのような言葉を使うことによってそこからがんばろうとしない傾向があります。自分の口から出す言葉は自分を左右します。これはメンタルコーチの部分からも言える話です。何かあっても、「最悪」「終わった」などと言わない方向に周りが持っていかなければいけません。

何かあっても、これぐらいのことは大したことない。俺はこれぐらいのことでは終わらない。そう考え、口にすることで「やらないからできない選手」ではなくなります。私自身もそうでしたが、「やればできる子」という考えではなく、「やらないからできない子」という考えにシフトチェンジしなくてはいけません。

できるのにやらない選手は、できない選手と一緒です。いえ、やろうとしていないのはやっているけどできない選手より下です。

最終回満塁の場面の後に「もっとやっておけばよかった」そう思わないためにも意識改革をしなければいけません。

「最後の夏の日に〝後悔はありません〟と言ってしまった嘘

〜今は今しかない。今を大切にしてください〜

やり直したい過去ってありますか？　あの時もっとこうしておけばよかったって……。

でも、実は私たちは今、数十年後の未来から戻ってきて、やり直している最中なんです。

――10年前の自分へ

今、自分は28歳になりました。高校野球の最後の日から10年、今、あの頃を振り返っています。高校野球の最後の日、「後悔はありません」と仲間が次々と最後の挨拶をする中、エラーをして最後のバッターになった僕も、「後悔はありません」そう言いました。

今、考えてみるとそう言わなければ、高校野球を終われなかったのではないか、そう思っています。仲間が「後悔はない」と次々に言うのを聞いて、後悔があるとは言いづらい状況でした。

最後の夏の負けたあの日、僕は後悔だらけでした。

それでも、あの日、みんなの言葉に流されて「後悔はない」と言ってしまったあの言葉が10年経った今もずっと心に残っていました。28歳になった自分が18歳の自分にひとこと言えるならこう言いたい。

「今のままじゃ最後の夏に後悔するよ」

もっとバットを振っていたら、あの時ヒットを打てたかもしれない。もっと守備練習を真剣に取り組んでいたら、あの時エラーをしなかったかもしれない。もっともっと練習していたら、最終回の場面で、思い切りバットを振れたかもしれない。

自分の18歳の夏は、もう取り戻せないけど、今、高校球児である君たちはまだ時間がある……。

高校野球最後の日に心から「後悔はありません」と言える日になるように。一生懸命以上に、本気で野球に取り組んで欲しい。

28歳になった僕は、18歳の自分にはもう戻れないけれど、38歳の未来の僕が今の僕を見ています。28歳のお前ががんばってくれたから、38歳の僕があると思ってくれるように。18歳のあの夏の僕は後悔だらけだったけど、野球があったから今の僕がある。

野球が僕に教えてくれたことが今の僕を支えている――

高校野球が終わった時に「後悔」の二文字が少しでも少なくなるように「今」を大切にしてください。「今」は「今」しかありませんから……。

伝令が〝止まっている時間〟を動かす

～選手と監督を結ぶ大切なポジション～

伝令、高校野球にだけある「ポジション」です。私はこの伝令の場面が大好きです。最近では伝令にいく選手にもテレビで名前が出るようになりましたね。「役割を持ったポジション」であることがみなさんに伝わってきた証拠なのだと思っています。

先日、元高校球児で伝令として活躍した選手と話をする場面がありました。

「伝令で一番大変なことって何でしたか?」

そう聞くと彼はこう答えてくれました。

「伝令って戦略的なことを告げるのがまず一つありますよね。内野は、1点はいいから中間守備でいいとか、1塁が空いているからこのバッターとは勝負をしなくていいとか、監

督の考えをそのまま伝える役割です。一番難しかったのは〝ともかく間を長く空けてこい〟と監督に言われるんですよ。相手はイケイケで時間を空けられたくないからともかく間を空けてリラックスさせてこいと言われるんです」
「そういう時、どんな内容を話すんですか？」
と尋ねると、
「ともかくこれが大変で……。昨日のご飯の話をしたりしましたけど、だんだんワンパターンになってきたので不謹慎ですが3塁側の前のほうに可愛い子がいるぞ！　みたいな話もしました（笑）。審判からひとこと言われるまでともかく長く間をとって相手の流れを止めよう、そう考えてましたよ」

話を聞いていて、伝令というのは「大切なポジション」だなと改めて思いました。その彼が最後にこんな話をしてくれました。

「最後の夏にリラックスさせようと帽子に〝笑顔〟っていう字の〝笑〟の〝たけかんむり〟の部分をわざと〝くさかんむり〟にして書いたんですよ。伝令の時にウケを狙ってリラックスさせようと思って。ワンアウト満塁のピンチになって監督から〝間を取って来い〟と。よし！ あの帽子を見せて笑いをとろうと思ったんですね。マウンドに集まった選手に見せたら、どうなったと思います？」

と聞かれたので

「みんな笑ってくれたんじゃないんですか？」

と答えると、

「興奮してるのか、頭悪いのかわからないんですが……。誰も間違いに気が付いてくれないんですよ（笑）。よし！ 笑顔笑顔！ って言って誰も気が付いてくれない。自分で言うわけにもいかなくて……誰か気づいてくれって！　思ってたらようやく一人が〝あら？　お前、漢字違くね？〟って気が付いてくれて、お前、ホント、ばかだな！　って言ってみんな大笑いしてくれたんですが……。内心〝バカはどっちだよ〟って思ってましたよ。今でも、その帽子は家にありますがいい思い出です」

そう言って彼は昔を懐かしがるように笑って話してくれました。

伝令っていうのは、タイムで「止まっている時間」をいかに自分のチームに「優位な状態に動かす時間」にするのかを考える役割なのかもしれません。あの止まっている時間が「伝令」の選手には「主役」になっている時間です。伝令というポジションは誰でもできるポジションではありません。

ツーアウト満塁――そんな究極の場面だからこそ必要とされる役割です。いつ監督からマウンドへ行けと指示があるのか……試合の流れを見て、常に準備をしていないといけないポジションなのです。

伝令の選手に注目して観戦することも高校野球の楽しみ方の一つです。

最終回ツーアウト満塁の場面でゲームを動かすのは伝令の選手かもしれません。

#「ブルペンキャッチャーで終わる夏に誇りを」

〜メンバーから外れた高校野球最後の夏〜

高校野球の夏の大会が近づいてきました。この時期になると残念ながらベンチに入れなかった高校球児は「チームのために」様々なポジションにつくことになります。偵察部隊、データ収集、応援団……。そして、練習に参加してもメンバーのために動くことになります。

ブルペンキャッチャーもその一つです。毎日毎日ひたすらピッチャーの球を捕り続けるブルペンキャッチャー。彼らにも訪れる「夏」があります。

そして、私の教え子が今、この「夏」を迎えようとしています。先日、彼からメールがありました。

「本間コーチ、最後の夏、メンバーから外れました。自分にできることを精一杯やって最後の夏がんばります。あの時、本間コーチに言われたブルペンキャッチャーのことを思い出してがんばります」と。

メールを読んでいるだけで泣けてきました。

あの時のこと……、彼が小学5年の時のことです。一学年下の彼は練習や試合でもブルペンで球を捕ることが多かったんですね。なんとなくただ捕っているように見えた彼に聞いてみたことがあります。

「今、ブルペンで何を考えて受けてる？」

「えーっと……いい音を鳴らすようにしています」

と答える彼。

「おー、それも大事だなぁ。ほかには？」

「……」

小学生には難しいですよね。

「受ける前にピッチャーと話し合いをしたか？　今日は何の課題を持って投げるのか。ピッチャーが今日はどんなことを試したいのか。キャッチャーはピッチャーとコミュニケーションをとることがまずは大事だ。それに、ピッチャーによって性格も違う。早くボールを返球してほしいヤツもいれば、ただ速いボールを投げたがるヤツもいる。ピッチャーの性格も考えてみな」

するど彼は、「それ誰ですか?」と聞いてきたので、

「それを自分で見つけるからキャッチャーは面白いんだよ」

とちょっと意地悪かもしれませんが、答えを教えませんでした。そして、

「ブルペンに入って球数を捕るだけなら誰でもできるぞ。ピッチャーとコミュニケーションをとって、ピッチャーの性格も考えて座ってみな。いろんなものが見えてくるよ」

こう話しました。彼が言った「あの時」のこととは、これだったのだと思います。あの時に言ったことを彼がその時に理解してくれたかはわかりませんが、メンバーから外れたこの時期に思い出してくれたことが指導者として何よりも嬉しかったです。

今、彼は、毎日毎日、何球も何球も球を捕り続けているでしょう。一人ではなく何人ものピッチャーのボールを受けているでしょう。ピッチャーとコミュニケーションを取

り、ピッチャーの性格も考えて、きっと、そんな彼はピッチャーの想いも受け止められるいいキャッチャーになっているはずです。

本来ならキャッチャーというのは残りの8人の顔を見られるポジションです。ですが、今の彼には、ピッチャーという一人の顔しか見られません。でも、彼の視線の先には、甲子園出場を決めて喜ぶ全員の姿が見えているのかもしれません。

試合に出ている9人だけで……ベンチにいる20人だけで野球をしているわけではありません。

20人以外の選手も必死に戦っている夏があります。それぞれが置かれた場所で咲く夏があります。夏の向日葵は皆、太陽の方向を向いているから「向日葵」と呼ばれています。部員全員が同じ方向を向いているのは甲子園。甲子園というキラキラ輝く太陽のような場所へ……。

彼の最後の夏も始まります。

最終回ツーアウト満塁の場面でピッチャーが想いを込める球にはブルペンで何球も捕ったブルペンキャッチャーの想いも入っています。

「ランコーに必要な3つの力」

～ランナーコーチができること～

高校野球を観戦する時、伝令のほかに各チームのランナーコーチャーを見ることも私には楽しみの一つです。ランナーコーチャーを見ているとそのチームの雰囲気が伝わってくるからです。

コーチャーズボックスまで全力疾走で走る選手。「っしゃー！」と大きい声で走っていく選手。僕の中ではランナーコーチっていうのは、スタメンの選手と同じくらいの役割を持っていると思っています。だからこそ、ランナーコーチの役割は極めて大きいのです。

野球というスポーツは一つ先の塁にいかに進むかが大切です。ランナー2塁の場面、ランナコーチの力量で1点を取れることがあれば、1点を失うこともあります。

そして、その1点が勝者と敗者に分かれ、最後の夏を終えることもあります。だからこそ、ランナーコーチは誰でもいいというわけにはいきません。私の教え子の中で東北楽天の松井投手と同期、桐光学園で甲子園に出場し、ランナーコーチャーとして活躍した選手がいました。彼はランナーコーチャーとしてどのような力を持っていたのでしょうか？

ランナーコーチャーとして必要な「力」を考えてみます。

①洞察力

今が何回で何点勝っているのか負けているのか、ランナーが誰なのか、バッターが誰なのか。そして、流れは今こっちに来ているのか相手にあるのか、どのポジションの選手の肩が強くて弱いのか。すべての場面で腕を回すのではなく、場面によってはランナーを止める勇気も必要な冷静さ、そして投手の牽制の癖を盗む洞察力も必要になってきます。

②判断力

常に外野手の位置を確認し打球との兼ね合いで「ゴー」なのか「ストップ」なのかを判

断しなければなりません。それも迷っている時間はありません。瞬時にそれを判断しなければなりません。練習の時から自分のチーム選手の足の速さ、スタートの良さ悪さを頭に入れてこそ、瞬時の判断ができるようになってきます。

③伝達力

洞察し、判断したものをランナーに伝えなければ意味がありません。大きな声で、大きなボディーアクションで、そして、ランナーに見やすい立ち位置で、声を使って、体を使って、眼を使って……ランナーに伝達する力が必要とされます。

三塁コーチャーが、ランナーやバッターに指示を出す時に、両手の手のひらを口元に持っていくシーンをよく見かけます。仲間に必死で伝えようとしているあの姿を見ると胸が熱くなります。コーチャーが元気よく腕をグルグル回してくれるから仲間たちは思いきりのいい走塁ができるのです。

ランナーコーチが取った1点があります。ランナーコーチで勝てた試合があります。ラ

ンナーコーチャーとして最後の夏を迎える選手もいるでしょう。6・096×3・048メートルという四角いポジションに自信と誇りを持って夏を迎えてください。

そして、コーチャーの親御さんも、仲間のために手のひらを口に添えて大声を出し、仲間のために力いっぱい腕を回し、仲間のために1点を取りに行く息子さんを誇りに思ってください。それぞれの場所で、それぞれの夏が始まります。

最終回満塁の場面でチームを勝たせてくれるのはランナーコーチャーなのかもしれません。

「〝人間力〟が究極の場面で活きる！」

～いい選手とは技術が上手い選手のことではありません～

上手・下手よりも「野球が好き」である気持ちが一番大切なはずです。

①人間力がある選手は、自ら目標を持つ。
人間力がない選手は、他人からノルマを持たされる。

②人間力がある選手は、町のゴミも拾う。
人間力がない選手は、グラウンドのゴミしか拾わない。

③人間力がある選手は、グラウンドの外でも挨拶をする。

人間力がない選手は、グラウンドでしか挨拶をしない。

④人間力がある選手は、自分より実力が上の選手を見て努力する。

人間力がない選手は、自分より実力が下の選手を見下す。

⑤人間力がある選手は、困難にぶつかった時に自分と向き合う。

人間力がない選手は、逃げ出してしまう。

⑥人間力がある選手は、気遣いができる。

人間力がない選手は、ありがた迷惑になる。

⑦人間力がある選手は、行動する。

人間力がない選手は、口動だけで終わる。

⑧人間力がある選手は、勘を使う。

人間力がない選手は、ヤケクソを使う。

⑨人間力がある選手は、目標を持続させる。

人間力がない選手は、目標を立てただけで終わる。

⑩人間力がある選手は、指示を出す。

人間力がない選手は、指示を待つ。

⑪人間力がある選手は、言葉に「想い遣り」がある。

人間力がない選手は、言葉が「重い槍」になる。

⑫人間力がある選手は、仲間を助ける「声掛け」ができる。

人間力がない選手は、仲間を落とす「声崖」をする。

⑬人間力がある選手は、自分に「希望」を持つ。

人間力がない選手は、自分に「絶望」を持つ。

⑭人間力がある選手は、自分に原因があると考える。

人間力がない選手は、周りに原因があると考える。

⑮人間力がある選手は、野球を楽しむ。

人間力がない選手は野球で楽をする。

「先輩のために戦う夏」

～守っていくものと変えていくもの～

高校3年生で引退試合の終わった選手は、一区切りをつけ、それからは、チームのための応援部隊にまわります。高校2年生や1年生には3年生のその姿がどのように映っているのでしょうか。メンバーに選ばれなかった3年生がチームのために必死に応援している姿に熱い感情が湧きでてくる下級生も多いはずです。

引退を目の前に控え、高校3年生、中学3年生の先輩たちは、この時期に、後輩の選手に自分たちが成し遂げられなかった悔しさ、代々伝わってきた伝統を後輩に譲ることによって役目を終えます。成し遂げられなかった甲子園。成し遂げられなかった全国への道。いろいろな想いを後輩たちに託していきます。

その想いをグローブに込めて、後輩に渡す選手もいます。先輩の汗が染み込んだグローブ。きちんと手入れをしたそのグローブは、また次の年代の後輩へ譲られていきます。そして、また次の年代へ。たくさんの先輩の想いと汗が詰まったグローブになります。グラウンドの土にも先輩たちが残してくれた汗と涙が詰まっています。

中学1・2年生も、高校1・2年生も、「先輩のために」戦う夏になります。

一日でも長く先輩と野球をしたい――

人生において、誰かのためにがんばる。誰かのために戦う。そういったことはなかなか経験できるものではありません。その経験がこれからの人生にも活きていくのです。

引退した選手が残していくもの、それは「伝統」と呼ばれます。そして変わっていいものもあれば、変わってはいけないものもあります。代々、伝わってきたチームカラー。それは、元気なのかもしれません。決して最後まで諦めない姿勢なのかもしれません。笑顔なのかもしれません。

そういう根っこは変わらずに、若葉である後輩選手たちが新しいものを付け加えていくことがチームとして必要です。守るべきことと変えていくべきこと。現状維持は後退を意

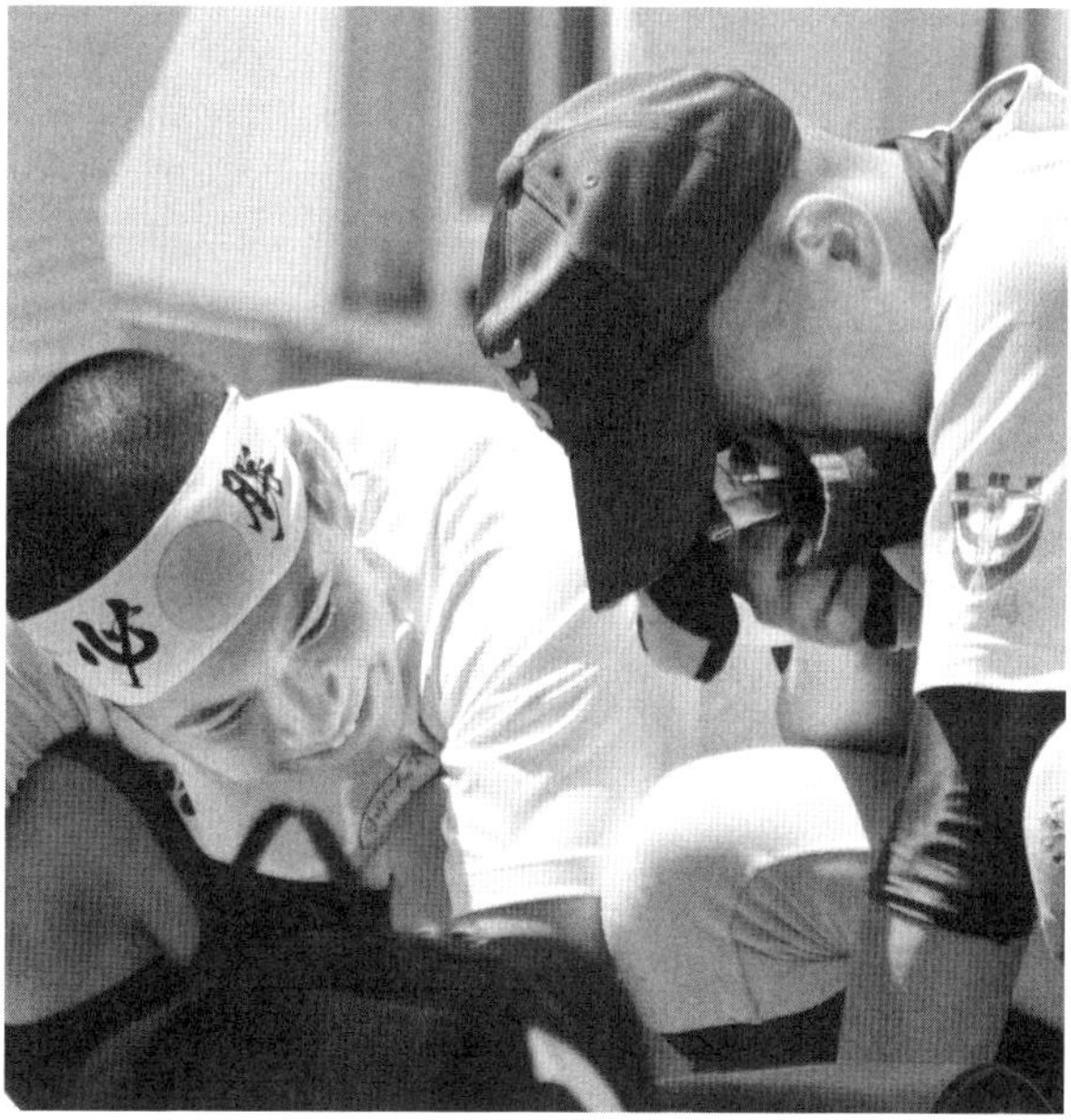

味します。
ウチのチームの卒団式は卒団するほうも号泣するのですが、一緒にプレーをしてきた1学年下の選手たちも号泣します。この瞬間に、卒団生の葉は落ちることになりますが、新たな最上学年生が若葉を出す瞬間です。
「チームカラー＝伝統」というのは一年だけでなく、長い期間を経て、卒団していったたくさんの選手たちが作ってくれたものです。
この夏も、たくさんの先輩たちがたくさんのものを後輩たちに残していくはずです。

「"僕なんか"じゃなくて"君だから"できることがある」

～もっと自分を好きになっていい～

ある知り合いの方から一人の高校球児が悩んでいるので話を聞いてくれないか、と相談を受けました。彼と話をしてみると、ポジションはキャッチャー、高校2年の秋まで一度もメンバーに入ったことがない、最後の春の大会と夏の大会もメンバーに入れない、野球部を辞めて受験勉強を始めるか悩んでいる。こんな内容でした。

私「メンバーに入れる可能性はゼロじゃないよね？」

彼「僕なんか……入れないと思います」

私「それは君の思い込みもあるんじゃないかな？」

彼「でも……僕なんか」

私「今、部活でやりがいを感じていることってあるかな?」

彼「やりがいまでいかないですけど……ブルペンでいろいろなピッチャーの球を捕っているのは好きです。チームで一番ピッチャーの球を捕っていると思います」

私「それは君だからやれていることじゃないか」

そう彼に話しました。

彼は会話の中で何度も何度も、「僕なんか」という言葉を使っていました。

「僕なんか」という発想になってしまうのは過去に「トラウマ」か「トラワレ」があったのかもしれません。でも「僕だから」できることも必ずあるはずなんです。彼に続けてこう言いました。

「ブルペンで一番、球数を受けている君だからこそできることがたくさんあるんじゃないかな。一緒に考えてみようか」

そう言うと、「○○はカーブの後のストレートのコントロールが悪い」「××はキャッチャーからを早くボールが返ってこないとイライラする」「△△はブルペンでは内角を投げられるのに試合になると投げきれない」

そんなふうに選手の特徴をスラスラ話してくれました。彼にそのピッチャーの癖や欠点をピッチャーと話し、そして、正キャッチャーの選手に伝え改善していく橋渡しは「君だから」できることなのではないか？　そう伝えました。数週間後、

「今までは何となくグラウンドに行っていた気がします。でも〝僕だから〟できることを見つけてからはグラウンドに行くのが楽しみで仕方ありません。最後の夏にベンチ入りできるかどうかはわかりませんが精一杯がんばります」

そう彼から連絡がきました。

彼のように、もっと自分を誉めていい選手がいます。もっと自己肯定感を高めていい選手がいます。もっと自分を好きになっていい選手がいます。

「君だからやれる！」ことがどの選手にも必ずあるはずです。

最終回満塁の場面までに君だからできることを考えてみませんか？

「背番号1・2・3・4・5・6・7・8・9の選手が背負うもの」

～仲間の思いが入っている数字です～

夏の高校野球が近づき、メンバー発表や背番号の発表がこれから行われる学校も多いでしょう。背番号は「背負う番号」。仲間の想い・親の想いを「背負う」のです。

背番号「1」――君の1は1人ぼっちの「1」ではない。

もし試合中に1人かもしれないと感じてしまったら君が登っているマウンドという山から仲間の「笑顔」という景色を見てください。必ず力がもらえるはず。闘う力をもらえるはず。その力をもらった君は「投手」でありながら「闘手」になるはずです。

背番号「2」――「捕手」とは捕るだけではありません。

ゲーム中、チームのマイナスな面が出てきた時に「補う」役目もある「補手」なのです。

そして、ピッチャーの想いを、野手の想いを込めたボールを受け止めてあげてください。

試合中は全員が君の顔を見てプレーします。マイナスな顔だけはしてはいけません。


背番号「3」――内野手がどんなファインプレーをしても、君が捕らなければアウトになりません。

ボールをファンブルしてしまったあとに焦って君に暴投を投げてしまうかもしれません。

でも内野手は必ず思っています。「アイツなら捕ってくれるはずだ」と。ここ一番で、あらん限り体を伸ばして、間一髪のアウトをとってください。


背番号「4」――君は内野の「要」です。

プレーで、声で、指示で、「要所」を「締めて」いかなければなりません。だからこそ君の「締まっていこうぜ！」は野手に大きな勇気と元気を与えます。試合中、ここぞとい

う時にみんなの顔を見て言ってください。
「締まっていこうぜ!」

背番号「5」——サードは元気で熱いハートの持ち主が守るポジションです。

だから「ホットコーナー」と呼ばれています。多少、守りに自信がなくてもいいんです。右バッターの強烈な打球を体を張って止め、誰よりも大きな声でチームに力をあげるのが君の役目です。君はどんな強い打球からも逃げない!

背番号「6」——誰よりも強い肩を持ち、派手なプレーも得意な遊撃手。

セカンドを守る選手は真面目で実直なタイプが多いのに比べて、少し「遊」び心がある選手が多い遊撃手。だから、君には笑顔が似合う。マウンドでピッチャーが孤立していたら、君の笑顔がピッチャーに大きな勇気を与えるはず。その優しさは「優撃手」にもなります。笑顔を忘れずに。

背番号「7」――右バッターの強烈な打球。左バッターのライン際に切れていく打球。レフトの守りは難しいものです。

風を計算に入れ、ピッチャーの配球を頭に入れ、偵察部隊が調べてくれたデータを頭に入れ、一球一球、君はポジショニングをします。「レフトがなんでこんなところにいたんだよー!」というナイスキャッチは、そんな、君のポジショニングのお蔭。全てのことを頭に入れたポジショニングは君のファインプレーです。

背番号「8」――青々とした夏の芝生を走り回る君の姿は誰よりも格好いい。

右に左に走り回る君はアウトにできない打球をアウトにする可能性があります。君のその力はチームに無限の力を与えます。「8」という数字は見方を変えれば「∞＝無限」になります。君の走り回る姿がチームを「∞」に元気にしてくれるはずです。

背番号「9」――昔はライパチという言葉がありましたが、今は、イチロー選手、松井選手……たくさんのスーパースターが守るポジションです。

ここ一番で刺す君のレーザービーム。ここ一番のファインプレー。「エリア9」でチームのピンチを救ってください。

そして君たちがもらうこの背番号の陰には、この背番号を手にすることができなかった仲間の想いが入っています。君たちを想う親御さんの想いが込められています。いよいよ始まる高校野球の夏。置かれた場所は違うかもしれないけど、目指す場所は一緒のはず。子供の頃から憧れていたあの「聖地」へ。

最終回満塁の場面でスタンドの仲間を見てください。その仲間の想いが入っているのが背番号です。

COLUMN 2

「高校野球を引退した選手と親」あるある！ 10選

1 引退した息子の髪が
ソフトモヒカンになったのを見ると
引退を実感する

2 氷を作らなくて
いい夏に慣れない

3 親は週末の過ごし方が
わからない

4 後輩の試合を見て
「俺たちの代のほうが強かった」
という選手がいる

5 親のほうが切り替えられず
ムービーや写真を
未だに見てしまう

6 小さくなったお弁当箱に慣れない

7 バイトに目覚める選手がいる

8 引退したとたんにマネージャーと
付き合う選手がいる

9 引退して念願のTwitterを
始めるが使い方が
よくわかっていない我が子

10 ポールとウタマロに別れを告げる

……あるある (^_^;)

第3章 最終回ツーアウト満塁までに「親」ができること

「レギュラーになれなくて悔しいのはあなたかもしれません」

～親が「勝ちたい」のか、子供が「勝ちたい」のか～

「勝ちたい」

そう思うのは子供です。私たち親は、「勝たせてあげたい」と思わなければいけません。

「親」という漢字は「木の上に立って見る」と書きます。勝ちたいと思う子供を木の上から「見守ってあげる」ことが大切です。

「レギュラーになれなくて悔しくないの！」

悔しいのは親御さんなのかもしれません。

「結果を出しなさい！」

結果が欲しいのは親御さんなのかもしれません。

子供の感情より自分の感情を優先させてしまった時に、親御さんのほうが「勝ちたい」と思ってしまいます。

指導者が勝ちたいのか、子供が勝ちたいのか……「勝ちたい」と思うのは子供です。私たち指導者は、「勝たせてあげたい」と思わなければいけません。

「指導者」という漢字は「導き指す者」と書きます。指導者のステータスを上げるために子供がいるのではありません。自分の名声のために子供を使ってはいけません。自分が「勝ちたい」と思えば小学生のピッチャーの子に過度の球数を投げさせることが出てきます。導き方を間違えてはいけません。

私たち指導者は未来ある小学生に中学野球や高校野球で活躍できること、そして、野球の素晴らしさを「導き指す者」でなくてはいけません。子供に伝えたいのか、自分が言いたいだけなのか……。

時に親として、時に指導者として厳しい言葉を投げ掛ける時もあるでしょう。それは、本当に子供のことを思ってのことなのか。それとも自分が言わなければ気がすまないからなのか。言葉を投げ掛ける前に一度、心の中で「自問自答」することが必要なのかもしれません。

子供からすれば、親も指導者も「絶対的な存在」のはずです。だからこそ、その「絶対的な存在」の立場を利用してはいけないのです。「子供のために」そう思っていることが自分の「ために」なっていることがあるかもしれません。

「あなたのために言っているのよ」

「お前のために言っているんだ」

子供は敏感です。

（嘘つけ！　自分のために言っているんだろ）

心の中でそう思っているかもしれません。

親として子供を見る「見方」、指導者として子供を導く「導き方」、それは子供から与えられた私たち大人のテーマなのかもしれません。

「早くやりなさいに代わる言葉」

～習慣化させる工夫をしてみる～

「早く素振りをしなさい！」

「早く明日の準備をしなさい！」

言いたくないのに、ついついこういう言葉を言ってしまいますよね。子供はなぜすぐ動かないのでしょうか？ そして、毎日こういうことを言う自分に自己嫌悪になったりするお母さんもいらっしゃるのではないでしょうか？

「わかってるよ！」

「後でやるから！」

子供はこんな返事をしてくることが多いのでは？ おそらく、子供たちは「やるつもり」

なのだと思います。ただ彼らにとっては「時間が漠然」としているのです。学校から帰って、寝るまでの間のどこかでやればいいと子供たちは思っています。ほとんどの子供は、素振りも、明日の用意も、道具の手入れも、後でやればいい……めんどくさくなる。そんな姿を見てお父さんやお母さんが雷を落とすことになるのです。

でも、子供は一応やるつもりではいたわけです。それでもお母さんはいつになっても動こうとしない我が子に、

「早く素振りをしなさい！」

「早く明日の準備をしなさい！」

「道具の手入れは？」

思わずこういう言葉が出てしまいますよね。ではどうしたら子供たちは動き出すのでしょうか？

「早く素振りをしなさい！」という言葉を、「素振りは何時になったらするの？」と代えてみてはいかがでしょうか。

子供たちが考えている「漠然としている時間」を「具体化する時間」にすることでひょ

っとすると解決できるかもしれません。
毎日、その時間を聞くことが面倒であれば、「夜の7時から素振りをする」「夜の9時から道具の手入れをする」というように毎日の時間を決めてしまうことも有効です。もし時間で決めることが難しいのであれば、「夕食前に素振りをする」「お風呂前に道具の手入れする」などでも構いません。毎日することでそれは「習慣」になります。
習慣とは意識しないでできるようになることです。毎日毎日の習慣が最終回ツーアウト満塁の場面で力を発揮するはずです。

「共依存の親子になっていないでしょうか？」

〜自分一人で生きていく力をつけてほしい〜

「共依存」……皆さんはこの言葉を耳にしたことがあるでしょうか？
人は誰でも、生きる中で、他人に依存して生きている部分は必ずあります。ただその依存が深くなりすぎてしまっている親御さんもいらっしゃいます。子供の世話をすることで自分の存在価値を見いだし確認する。子供が自分に依存している状態が嬉しい。お気持ちわかります。

子供の感情をコントロールしようとしていないか
子供が親の意見に影響されすぎていないか

共依存と過干渉は違います。過干渉は子供の気持ちを確認せずに自分で子供のために良かれと先回りすることです。しかし、共依存とは、その親御さんに子供も依存してしまっている状態。お互いが寄りかかっている関係です。そうなると相手をコントロールしようとし「自分が我慢すればいいのだ」という自己犠牲や「お母さんが悲しむのは、自分が悪い子だからだ」と自己否定につながります。

お互いが必要とする関係をもつことは、決して悪いわけではありません。しかし、共依存関係は、お互いが一人の人間として自立することを阻む可能性があります。親が子どもを一人の人間として見ることができずコントロールする相手としか見ることができない場合に起こりうる関係です。こういう親御さんは「あなたのために言っているのよ」というのも一つの特徴です。

少年野球の現場にもこの共依存は存在します。

親に怒鳴り散らされている選手……バッターボックスでも監督ではなく父親のほうを見ている選手がいます。

「お父さんのためにも打たなきゃ」

こうなると誰のために野球をしているのかわからなくなってきます。

身の回りの面倒を見てしまうお母さん……子供ができることをやってしまうのは「私がこの子のためにしてあげている」とどこかで思っているからです。ご自分が気持ちよくなってしまっているだけで子供のためになっているのでしょうか？

一人では何も考えず、なにも行動できない子供をつくり上げています。

子供は何もできないから、また……親を頼り、依存します。そして、親も同じことを繰り返す。これも「共依存」の一つです。

親が子供に一番願うものは、親がいなくなった時に自分で生きていける力を付けることではないでしょうか？

「辛いへの一画は子供が自分で足すしかない」

本人の覚悟を待つのが親にできること

野球を長く続けていると楽しいことや幸せなことだけではなく、辛いことも出てくるようになります。

我が子がチームメイトと上手くいっていない。一生懸命がんばっているがなかなか試合に出られない。指導者と上手くいっていない。野球を辞めたい……。

子供たちは様々な壁の前に立っています。その壁を越えれば、強くなれる。親御さんはそういう思いで我が子を見守っていることと思います。

矢を前に飛ばすためには弓を後ろに大きく引かなければなりません。大きくジャンプするためには、一度しゃがまなければなりません。もしくは助走をとることによって大きく飛ぶのです。

辛い時っていうのは、後ろに大きく引いている時であったり、しゃがみこんでいる時だと思うのです。もう少しで前に進めるという準備期間です。

よく「辛い」という漢字に一画足すと「幸せ」になると言われます。あの一画は何なのでしょうか。その一画の正体は何なのでしょうか？

我が子がスタメンを取れないから監督に文句を言って試合に出してもらう。その一画は他人からもらってきた一画です。他人からもらってきたということは、他の選手の「幸せ」の一画を持ってきたことになります。その選手の「幸せ」の一画を奪い、その選手を「辛い」状態にさせてはいけません。四つ葉のクローバーを見つけるために、三つ葉のクローバーを踏んでもいい幸せなどないのです。その一画は、自分自身の手で書き足さなければいけません。

ではその一画を自分自身の手で書き入れるために必要なことは何でしょう。それは「覚悟」だと考えます。

辛いことがたくさんあるのもわかります。お子さんに手を差し伸べることもあるでしょ

う。ですが、本人の「覚悟」が決まらない限り前へ進めません。覚悟が決まれば、「希望」が出てくるはずです。

1パーセントと2パーセントでは大した変わりはありませんが、0パーセントと1パーセントは大きく違ってきます。0パーセントでは希望がなくなってしまいます。

今、辛いことがあっても希望を持っていれば「覚悟が決まるいつか」がやってきます。

その覚悟を待つことも親の大切な役割です。

「千羽鶴に込められた想い」

〜我が子に送る最後の願い〜

私の娘は昨年まで高校野球のマネージャーをしていましたが昨日、メンバーに入れなかった後輩の引退試合を観に行ったようです。

娘はマネージャー時代、何百・何千という鶴を折ってきました。

千羽鶴というのは、

「怪我をしないで夏を終えられますように」

「最後に笑顔で終われますように」

「甲子園へ行けますように」

いろいろな人のいろいろな想いと祈りが、千羽鶴を折るという行動により応援という形

になっています。
マネージャーだけでなく、夏に高校球児の親御さんもたくさんの鶴を折ったのではないでしょうか？
高校球児の親というのはできることが限られています。母は小学生や中学生の時のようにお当番をすることもなく、父は審判をすることもない。食事などで体調を管理してあげること以外もう祈ることや応援することしかできないのです。その祈りや願いを形にしてあげられるのが「千羽鶴」なのです。千羽鶴を折っているその瞬間、少年野球の時のこと、中学野球の時のこと、高校野球のこと……

いろいろなことが思い出されるでしょう。

人を応援するということは「損得」ではありません。純粋な気持ちでただただ応援するのです。最後の結果が例えどうなろうとも願いを込めましょう。高校3年生の親御さんの今の気持ち、痛いほどわかります。胸が締め付けられるような今まで味わったことのない感覚。だからこそ願いましょう。だからこそ応援しましょう。それができるのも「今」だけです。

少年野球・中学野球・高校野球と進むにつれて口数が減って来た我が子。母は言葉の代わりにお弁当や洗濯に願いを込めてきたはずです。千羽鶴は我が子に送る最後の願いなのかもしれません。

一瞬の夏は、一生の親子の宝物になります。

最終回ツーアウト満塁の場面で親ができることは願うことだけです。だからこそ、そこまでの道のりを大切にしてください。

「野球ママデビューから高校球児の母を卒業するまで」

～その姿をしっかりと目に焼き付けておきたい～

ある日、あなたが「野球をやりたい」そう言った日から、
初めてユニフォームを着たあの日。ブカブカだったユニフォーム。
それは私にとっても「野球ママ」としてデビューした日でした。
小学校はたくさんのデビューがありました。
初めて野球のお弁当を作ったママになった日。
初ヒットを打った野球ママになった日。
初めてあなたが野球で涙を流したママになった日。
あなたのお陰でたくさんの「初めて」があり、

野球ママだからこそ経験できたたくさんの「デビュー」がありました。
ブカブカだったあのユニフォームは、もうパンパンになっていましたね。

中学生になると、楽しいデビューが少なくなり、
苦しいことの「初めて」が多くなりましたね。
怪我をしたママになった日。
試合を観に来ないでくれと言われたママになった日。
野球を辞めたいと言われたママになった日。
ママとして何とか力になりたいと思っていたけど、
何もできずに見守ることしかできませんでした。

「お母さん……俺、高校でも野球やるよ」そう言ってくれたあなた。
そして、いつの間にか「ママ」と呼ばれなくなっていたことに気がつきました。
ちょっぴり寂しかったけど、

でも、それ以上に「高校球児の母」にしてくれたことがとても嬉しかった。

そして、残り半年の高校野球。
あっという間だった高校野球。
高校球児の母でいられる時間はあっという間なんだね。
あなたが野球をしてくれたお陰で、たくさんの「初めて」があり、
たくさんの「デビュー」がありました。
半年後、野球ママからも、高校球児の母であることからも卒業します。
野球ママにしてくれて、高校球児の母にしてくれて、ありがとう。
高校野球最後の日のあなたのユニフォーム姿、
涙でかすんでしまうかもしれないけど、しっかり目に焼き付けておきます。
最終回ツーアウト満塁の場面で親は逃げ出したくなるかもしれません。
ですが、子供の姿をしっかり目に焼き付けてください。

「金曜日の夜が憂うつな我が子へ」

～親の見守り方が大事になる～

金曜日の夜になると、お腹が痛くなる。野球に行きたくない。こんなお子さんをお持ちの親御さんも多いと思います。

「監督やコーチに怒られないかな」「仲間と上手くいくかな」「試合でエラーをしたら嫌だな」

こんなふうにマイナス要素を考えてしまう子ほど憂うつな金曜日を迎えてしまいます。そんなのは気持ちが弱いからだ。そういう声もあるかもしれませんが、この子たちはこの子たちの中で「真面目」に野球と向き合っているのです。真面目な子だからこそ考え過ぎてしまうのです。

そこには、いろいろな要因があるでしょう。それを聞いて解決できることもあれば、本人自身が強くならなければいけないこともあります。

監督やコーチに怒られないか、仲間と上手くいくか、試合でエラーをしたら嫌だという考えは全て「受け身」の考え方です……。

明日、どんなことが起こるかを考えれば考えるほど不安になります。だから明日、どんなことを起こしたいのかを考えてみるのです。自分がどんなプレーをしたいのかを考えるから楽しくなるのではないでしょうか。どんなことが起こるのかとビクビクするのではなく、どんなことを起こしてみようかワクワクすることを考えるのです。

「ヒットを打ちたい」「大きな声で一日野球をしたい」

仲間から話しかけられるのを待つのではなく、自分から話しかけてみる。自分から考えることや行動することでワクワク・イキイキできるかもしれません。

私たち大人も月曜日の朝って憂うつになりますよね（苦笑）。ですから、私は日曜日の夜に「明日やりたいこと」「今週やりたいこと」をスケジュール帳に書いてから寝るようにしています。

そうすると、「憂うつな一週間が始まる月曜日」が「希望のある一週間が始まる月曜日」に変わります。金曜日の夜に「考えること」によって土曜日の朝が変わるものになるかもしれません。

最終回満塁の場面で「受け身」の選手では楽しむことができません。親があれやこれやすべて行ってしまえば「受け身」の子供になってしまいます。「やらされる野球」ではなく「やる野球」になるためには親の見守り方が大切です。

「親は子供に押し付けるのではなく背中を押すのです」

～見守ることが応援になる～

我が子の背中を押す親と、我が子に押し付ける親がいます。
ある少年が野球に行くのを嫌がりました。

――野球を始めて1年の小学校2年生です。この1年で何とかキャッチボールができるようになり、ノックのボールも少しずつ捕れるようになりました。ですが、金曜日の夜に「野球に行きたくない」いきなり彼はそう言い始めました。そして、「○○君は同じころに入ったのに試合に出られて野球が上手になっている。でもボクは野球が全然うまくならない」

そう言って大粒の涙を流しました。

幼い頃から上達するのが遅いというのは父である私にもわかっていました。ですが、彼なりに上達していると思っていたので、この出来事は私にもショックでした。どうしたらいいか迷っていたとき、妻が彼の生まれたころからのアルバムを本棚から引っ張り出してきたんです。

あなたは、生まれてきた時、こんなに小さくて一人で歩くこともできなかったのよ。それが一人で歩けるようになって言葉も話せるようになった。言葉が話せるようになったら字も書けるようになった。キャッチボールだってできるようになった。野球に行きたくないと伝えられるようになった。あなたはゆっくりだけど、どんどんできることが多くなっていったんだよ。

野球もきっとそう。これからできることがたくさん増えると思うよ。

「ゆっくりでいいんだよ」そう言われた息子は「野球に行く！」そう言って泣くのをやめました――

これは私の知り合いのFacebookの投稿です。素晴らしい奥様ですね。この奥様はお子さんの「背中を押してあげた」のだと思います。親は子供の「背中を押す」もの。親が「レールを敷く」ことでもなく、親が「押し付ける」ものでもなく、背中を押すのです。

大人も人生の岐路に立つと、「誰かに背中を押して欲しい」と思う時がありま す。それは言葉だったり、行動だったり……その背中を押し、見守ることを「応援」と呼ぶのではないでしょうか？

自分の考えを押し付けることばかりを考えていませんか？

「野球少年の抜いてはいけない親知らずの歯」

～親から離れるのは自立している証～

「親知らず」と呼ばれる歯があります。親知らずって必ず抜くものかと思っていたのですが必ずしもそうとは限らないらしいんですね。

乳児の歯の生え始めとは違い、親がこの歯の生え始めを知ることはない。そのため親知らずという名が付いた。これは物事の分別がつく年頃になってから生えてくる歯であることに由来する、だそうです。

歯の名前の由来のように、我が子も小学校、中学校、高校と年齢を重ねていくとどんどん親が知らない「我が子」が多くなってきます。

少年野球の時は「お母さん！今日ヒット打ったよ！」「お父さん、キャッチボールしよう！」そう言って何でも話してくれた我が子が、中学野球になると、「ああ」「微妙」そんな言葉しか言わなくなってきます。

「何があったの？」「今日の試合はどうだったのよ？」

そう聞きたくなるのが親心ですよね。どんどん親の知らない我が子が増えていく、「親知らず」の状態ですね。

口数が少なくなっていく我が子が本当は心配でたまらない。子供は母親のへその緒から離れ、手を離れ、言葉も目も離れていく……。

でもいつの時代も離れていないものが一つだけあります。

それは「心」。

年齢が重なって子供が大きくなっても、心だけは繋がっています。親子ですから……親知らずのことが多くなっても、必ず心は繋がっています。いろいろなものが離れていくのは親として寂しい気持ちもしますが、それは子供が自立している証でもあります。

抜いてはいけない親知らずは「自立」という歯なのかもしれません。

「我が子の応援団長は親であってはいけない」

～応援力は人を元気にする～

可愛い我が子を応援していない親はいないはずです。一生懸命になって野球に打ち込む我が子。時として野球に悩む我が子。そんな我が子を親であれば応援したくなるのは当たり前のことです。

私自身も三人の子供の親として子供を応援しています。応援っていうのは、損得なしのもののはずです。誰かに何かをしてあげた時に相手が、「きっとこうしてくれるだろう」と思ってしまえば、それは「応援」ではなく「期待」になってしまいます。

自分が我が子へ「応援」している気持ちが、知らない間にどんどん膨らみ、いつの間にか子供のことではなく、自分の思いばかりになってきてしまったら、それは「期待の膨ら

みすぎ」となり、やがては子供の気持ちを置いてきぼりにしてしまっていることがあります。

私は「応援力」というものがあると思っているんですね。見返りを求めない純粋な「応援」は人に力を与える。そう思っています。よく親御さんが、「親は子供の一番の応援団長でいたい」とおっしゃいます。私も親としてそう思っていいます。ただ、子供自身には、

「お前の一番の応援団長はお前自身でいなさい」

そう話しています。自分自身を応援できる人間だからこそ、周りの人間も心か

ら応援できるのではないでしょうか?

野球少年を持つ親御さんもそうだと思うのですが、お子さんを応援している時の自分を思い浮かべてみてください。

子供を応援しているのに、不思議なことに「応援している自分が元気」になっていませんか?「応援力」というのは、自分以外の人を元気にすることと、そして自分を元気にするための力なのかもしれません。自分自身が元気であるからこそ、「人を応援できる自分」になれるのかもしれません。

我が子を応援するためにお父さんもお母さんも「自分」を応援してあげてください。

「親のトラブルでグラウンドに行くのが辛い」

～ひと声かけることで味方になってくれる～

少年野球や中学野球には子供だけではなく、残念ながら、大人のトラブルが起こってしまいます。そのトラブルが原因で親御さんが野球に行くことが憂うつになってしまい、グラウンドから足が遠ざかってしまうことがあります。なかには、なんとかがんばってグラウンドに足を運ぶ人もいます。入部した時からなじめない人、もしくは何かの発端があって親御さん同士がギクシャクする場合もあります。

少年野球に関わらず、子供がスポーツをしている親御さんには同じような悩みを抱えている方がいらっしゃると思います。

ではなぜこのような問題が起こるのでしょうか？

①子供同士のトラブルが原因で孤立してしまった。
（子供間でのイジメなど）
②親同士の役割の負担が原因で孤立してしまった。
（当番が少ない、グラウンドにあまり来ないなど）
③入部したばかりなのに目立ちすぎる行動をとってしまい孤立してしまった。
（応援に熱が入りすぎてうるさい、格好が派手すぎるなど）
④指導者との距離が近すぎることが原因で孤立してしまった。
（監督とコーチに近寄りすぎるなど）


いろいろな原因があると思いますが「ひと言」を言ってあげたかどうかが、まずは大切なんだと思うんですね。

例えば入部したてのお母さんは、我が子が初めて試合に出て興奮してしまい、応援に熱が入りすぎてしまったのかもしれません。

「あまり大声で応援するのは……ちょっと控えめにしましょうね」

と言えばわかってくれるかもしれません。

当番がなかなかできないお母さんに、

「お当番に来られないのは仕方ないから、別のお仕事をお願いしてもいいかな？」

と言ってもらえれば、喜んでやってもらえるかもしれません。

私が言いたいのはその「ひと言」を言わずに陰口を言ったり、あからさまに無視などの行動をすることに問題があるということです。

ひょっとするとそのひと言を言われると気分を悪くしたり、逆上する親御さんもいるかもしれません。ですが、自分の何が悪いのかがわからず悩んでいる親御さんもたくさんいらっしゃいます。そのひと言で救われるお母さんがたくさんいらっしゃると思うのです。

そして、その「ひと言」を言う時の言い方も大切でしょう。友だちというのは自分の意思で作るものです。気が合わなければ友だちにならなければいいわけですが、こういう組織では、そういうわけにもいきません。逆に言えば友だちではないから、お互いの気遣いも大切です。子供を通じて、仲間になったのですから、うまくやっていきたいですよね。

やっぱり「仲良くやれること」が前提だと思います。

なかには「仲良くならないこと」を前提にしている親御さんが見受けられることが残念でなりません。

人数が集まればいいお母さんのグループもできるでしょう。ですが「孤立」させるのはいかがなものかなと。確かに何を話してもわからない人もいるかもしれません。何をしても理解し合えない親御さんがいらっしゃるかもしれません。

ですが……自分の何が悪いのかがわからず悩み、グラウンドに足を運ぶのが憂うつになっている親御さんもいらっしゃるでしょう。

そんな親御さんに、まずは「ひと言」をかけてあげてください。そのひと言で、その親御さんを救えるかもしれません。そして、グラウンドに足を運ぶのが憂うつなお母さんも……怖そうに見えていたお母さんに勇気を持って話しかけてみたら、イメージとは違っていい人かもしれません。

「見方」を変えれば「味方」になってくれる人がいるはずです。

「イツノマニカは子供が成長していく言葉」

～イツノヒカのために今を大切にする～

彼女は中1の春に横浜から自分の夢を追いかけて福井に旅立ちました。
今、彼女は中学の3年間を終え、高校の合格が決まりました。
12歳で旅立っていた娘さんを遠くから見守る母の言葉です。

ママは何回福井を往復したかな、昨日届いた合格の知らせ

中学から福井へ夢を追いかけて、もう三年かぁ……
行ってすぐに入院の知らせが来てビックリしたっけ。

一年経った夏休み

去年は背番号も自分で上手く縫いつけられなくて泣いてたなぁって打ち明けてくれて。

3年生になってからは、ママ何回福井を往復したかな……。

母を心配させないための「大丈夫」。

病院の先生から、

「娘さんの口からこれ以上、〝大丈夫だよ〟と言わせないであげてください」って。

小さな身体で一人背負いきれない荷物を抱えこんでいたことを知り、

母として、こんなに自分を責めて胸が締めつけられることはなかったよ。

入試面接で質問された「中学三年間で一番がんばったこと」に、

「寮生活」と答えたこと。本当にその通りだね。

いつの間にか背番号を縫えるようになって、
いつの間にか自分より先輩のために動けるようになって、
いつの間にか離れた家族まで気遣えるようになって……。

こうして何気ない毎日が、いつの間にかあなたを大きくしてくれている。

合格おめでとう。そしてその何倍も何百倍もありがとう。
いつまでもあなたの背中を見守っています。

この先もたくさんの「いつの間にか」を楽しみにしてるよ——

彼女と私はリトルリーグの敵同士として戦っていました。
いつも私の姿を見ると、

「あっ、本間さーん！」

と言って話しかけてくれた彼女の笑顔。僕の心にもしっかり残っています。毎日毎日我が子と接している我々では気が付かない「いつの間にか」が離れている母だからこそわかるのでしょう。そして、その「いつの間にか」が我々より早い時間となって過ぎ去っているのかもしれません。

「イツノマニカ」っていう言葉は、きっと親の知らないところで子供が成長していた魔法の言葉なのかもしれません。

彼女はこれから高校野球へと向かいます。

彼女のお母さんも、野球少年や高校球児を持つ親御さんも野球をしている我が子の最後は「あっという間」にやってきます。

その「イツノヒカ」のために今を大切にしていきたいですね。

「試合中に泣いてしまう子供の親御さんへ」

～成功体験を繰り返すことで強くなる～

小学生を指導していると、試合中に泣いてしまう子がいます。もちろん試合中に泣いてしまうのはいいことではありません。試合中は勝ち負けがまだ決まっておらず何よりも仲間はまだ戦っています。その彼らは泣いている選手のミスを取り返そうと戦っています。私も若いうちはこういう選手に「試合中に泣くな！」そう大声で怒っているコーチでした。

子供って「泣くな」と言っても泣きやまない選手がほとんどです。特に低学年の子はそうでした。泣くことはメンタルよりも体質の部分が大きく関わっているそうです。もちろん強い気持ちを持つことも大切ですが、自分の意志と反して涙が出てきてしまうこともあります。

では彼らはなぜ泣いてしまうのでしょうか?

1つは自信がなく自己肯定感が低い選手であることが挙げられます。自信がないうえに自己肯定感が低いことによって「涙」という形で出てきてしまうのです。その時に親御さんはどうしたらいいのでしょうか?

「何、泣いてるんだ!」

「みんなに迷惑だろ!」

確かにこう言いたくなる気持ちもわかります。しかし、これらの言葉を言ったとしても涙が止まることはないのではないでしょうか? 逆に「あの子、大丈夫なのかな」と過剰に心配したり、オロオロすることは逆効果になることもあります。こういう子たちは「周りの眼」を気にします。心配されすぎたり優しい言葉を掛けられると「みんなに心配される自分」をつくり上げてしまうこともあります。

昔、私のチームにもよく試合中に泣いてしまう子がいました。まだ勝ち負けが決まっていないのに泣かないこと。野球は一人で戦っているのではなくみんなで戦っているスポーツであること。野球はミスがあるスポーツなのだからミスを気にしないこと。

こういう言葉を掛けながら彼と何回か話をしましたが、ミスをした時の涙は止まることはありませんでした。

ある練習試合の前に、

「今日、ミスをしても泣いていいよ。でも、泣いても勝つ努力を試合中にしなさい。泣く泣かないばっかり気にしたって仕方ない。そこが一番じゃなくてチームが勝つように、チームのために何ができるかを強く考えて1試合やってみよう」

そう話しました。

試合中に彼がエラー。彼を見ると涙を流しているのがわかりましたが、何とか堪えようと必死になっている顔だというのもわかりました。

いつもならば下を向く彼が半分涙声で大きな声を出しています。

試合は大事なところで彼の送りバントのお陰もあって勝つことができました。

「泣いたけど勝てた」という成功体験ができたことによって彼は次第に泣くことがなくなりました。

試合中に泣いてしまう小学生のお子さんをお持ちの親御さんもたくさんいらっしゃると思います。ですがほとんどのお子さんは高学年・中学生となっていくうちに涙を流すことは減っていきます。それは、きっとどこかで自信を持ち、泣く必要がないことを、頭ではなく心が理解したからだと思います。

皆さんのお子さんもきっと大丈夫です。

「高校野球の壁を越えるために親がやってはいけない3つのこと」

～壁は回避するのではなく越えるもの～

少年野球、中学野球、高校野球、その階段を上手く渡れない子供がいます。高校野球を終えるのが一つのゴールと考えると、この3つの段階は「ホップ・ステップ・ジャンプ」と言えます。この3つの段階を越えられる選手と越えられない選手の違いはどこにあるのでしょうか？

①親主導の子供

高校野球をやり遂げるまでに子供には様々な壁が立ちはだかります。低い壁から高い壁まであって、何も困難がなく高校野球最後の日を迎えられる選手はいないはずです。そう考えると子供は自らこの壁を越えなくてはいけないのです。

少年野球の壁、中学野球の壁、高校野球の壁、それぞれのステージに壁が立ちはだかります。その時に親はどう見守っているでしょうか?

「野球を辞めるなんて許さない」「もったいない」

そんな無意味な言葉をかけて子供は壁を越えられるでしょうか? そして、これらの言葉は子供のことを考えての発言ではなく「親主導」の考えであり、発言です。仮に越えられてもそれは一瞬の「ごまかし」であり、しばらくすれば子供はまた野球を辞めたいと言い出すでしょう。

子供に対して「○○をしろ」「××はするな」と否定と強制の言葉を掛けすぎれば子供は「自ら考えること」を止めます。

これこそが「やらされている野球」になります。

少年野球の時は、子供が幼くてこれに気が付きませんが、中学や高校になると気が付き始め、野球を辞めていく子供が出てきます。高校生になると子供も大人になっていて、子供自体がいい意味で親離れをし、聞き流すこともできますが、一番難しいのは反発や無気力になりやすい中学野球の時かもしれません。

②チーム選択の間違い

中学になれば部活にするのか、クラブチームに入部するのか、クラブチームだったらどのチームがいいのか？　高校をどこの学校にするのか？　ホップ・ステップ・ジャンプにはこのチーム選びをする場面が少年野球の入団から数えると3回あります。

A　練習も厳しい強豪チーム（高校）。

B　あまり強くはないが楽しいチーム（高校）。

少し極端な例えですが、お子さんの目指している野球は何でしょうか？　お子さんの考えとチーム（高校）は合っていますか？　チームや高校を選ぶのは基本的には子供です。Bの考えを持っている選手が、Aのチームで野球をしたいと言ってきたら親として、「こういうチームだけど本当に決意はあるのか」という話し合いぐらいはするべきなのだと思います。そのチームに入る「決意」を子供も、そして親もしなければいけません。

③今だけを切り取る親

少年野球の時にスタメン選手ではなかったから中学や高校野球は無理だろうという空気を出してしまう親がいます。現に私の教え子の中にもリトル時代にスタメンではなかった選手でも高校野球でキャプテンを務めたり活躍した選手がたくさんいます。少年野球の「今だけ」を切り取らないことです。子供が中学や高校でも野球をしたいと言ってくれているなら、親は子供に「絶望」を持つのではなく「希望」を持つのです。そして、子供に「希望」を持たせるためにサポートしていくのが親の役目のはずです。

野球少年が高校球児になるためには様々な困難があります。親が手を差し伸べる場面や回数も少年野球と高校野球では違うものになっているはずです。少年野球→中学野球→高校野球、その3つの階段が急激な段差になるとそれは階段ではなく壁になります。壁は必ずやってきます。

その壁を回避することを考えずに越えるためにサポートすることが親の役目なのではないでしょうか。

「野球の八つ当たりが母親にいく理由」

～それは母を信用しているからです～

ある母の言葉です。こんな気持ちのお母さんが多いのではないでしょうか？

母って、ついやり過ぎたり、やらなくて良いことをしたり、言わなくていいこと言ってしまったり、一生懸命なのが空回りしてしまったりします。

そして、自己嫌悪におちいりました。

我が子を想って、言葉をかけ過ぎてしまったり、行動しすぎてしまったり……。

言えば言うほど、動けば動くほど、
子供の気持ちが私から遠ざかっていく、
そんな気がしました。
でも、中学生になって、私がやるのは、洗濯とお弁当を用意すること。
あとは、できるだけグランドに行き応援するだけ。
そう決めました。
忘れ物も、道具の管理も、自己責任。
でも、何も言わなくてもやるんですね。忘れ物、しないんです。
母が全部してあげているうちは不思議と忘れ物だらけだったのに。
相変わらず生意気だけど（笑）、
成長しているだろう我が子をこれからも応援していくつもりです。

この母のように、少しずつ手を離していくことは、とても大切なことです。いつまでも手を貸していては逆効果になっていきます。そして、中学生になると反抗期がやってきま

す。「心と体のバランス」がとれていない中学生。自分では大人になっているつもりなのですが、まだまだ子供です。

野球をして、物事が上手くいかなかったり、思うように進まなかったりすることが当然出てきます。

「真面目にやっていたのに監督やコーチに怒られた」

「一生懸命やっているのになかなかレギュラーが取れない」

そして、そのイライラの受け皿はお母さんにいくわけです。野球であったそのイライラを一人で消化できない。どこかに、誰かにぶつけないと気が済まないわけです。そこで一番甘えられる存在である母親に向かうのです。

子供たちは「母親」にしか八つ当たりしません。

「しません」

というか……、

「できないんです」

自分が「八つ当たり」とわかっているからです。友だちと話す時は友だちの状況や立場を考え話しているはずです。

ですが、母親には母の状況や立場を考えずに自己主張をする。つまり、母に甘えているのです。母だから甘えているのです。それは母親を信用している証拠。

こんな時、お母さんが何か言おうとしてもあまり効果がないかもしれません。子供は何かのアドバイスを期待しているのではなく、当たりたいだけだからです。そんな時は、笑顔で「ハイハイ」と言って受け止めてもいいし、「知らん顔」をして黙って受け止めてもいい。荒れ球のピッチャーの球を受け取るキャッチャーのような気持ちで、イライラするでしょうが受け止めてあげてください。

高校の終わりぐらいになると子供が母に八つ当たりすることも少なくなってきます。それは母の立場や状況を理解してくるからです。

心と体のバランスが追い付いてきはじめます。そして、「あの頃に母に悪いことをしてたなあ」という申し訳なさもあるのかもしれません。

反抗期の子供に振り回され、八つ当たりされることは、お母さんもイライラしてしまうこともあるでしょうし、深く悩むこともあるでしょう。

ですが、「八つ当たり」も「母の特権」なのかもしれません。

COLUMN 3

「野球母」あるある！10選

1 日陰にいたはずなのに
日焼けしている

2 冬場は見た目ではなく
ともかく暖かいものを着る

3 夏場の玄関のファブリーズは必須

4 いいカメラが欲しくなる

5 色あせたチームTに在籍の長さを感じる

6 子供がお弁当を残すと「明日から
自分で作って！」と言ってしまう

7 「ヒートテックは温かいよね」
という話になると
「私はミートテックだから平気」と
言う母がいる

8 活躍したら焼肉ね！と
言っておきながら
活躍してもごまかして連れていかない

9 雨で野球が中止になると
どこに行っていいかわからず
とりあえずスポーツショップに行く

10 たくさん食べても
大きくなれない我が子に
自分のお肉をあげたくなる

……あるある（^_^;）

第4章

最終回ツーアウト満塁までに「指導者」ができること

「言いたいことではなく言うべきことを言うのが指導者」

〜叱るには愛情が必要である〜

今、指導者の在り方が問われている時代です。

誉めることの重要性が指摘されていますが、私たち指導者が子供にできることは誉めることだけではありません。

怒るとは、自分の感情を振りかざし自分の言いたいように言って子供の過去に焦点をあてるもの。

叱るとは、子供のことを考え子供に伝わるように未来に焦点をあてるもの。

つまり、「怒る」ことは主人公が自分であり、「叱る」ことは子供のことを考えてのものです。そう考えると叱ることは指導の一つであると言えますが、怒ることは指導とは言え

ないのかもしれません。
　主が子供にあるのか、指導者にあるのかで大きく変わってきてしまいます。叱ることが何かとクローズアップされている今日この頃です。ニュースでは指導者の在り方を問われる報道が毎日のように流れていますが、子どもが悪いことをした時に何も言わないことも私は責任が重いと思うんですね。
　今、このように指導者がいろいろと報道されているのは叱り方と叱るポイントに問題があるからかもしれません。私は指導者って言うのは、偉いわけでもなく、「指導する責任がある者」「指導する役割を持っている者」だと思っています。そう考えると指導者は、「言いたい」ことを言うのではなく「言うべきこと」を言わなければなりません。

グラウンドのゴミを拾わない選手、全力疾走を怠った選手、仲間を想い遣る気持ちがない選手、挨拶を形だけでする選手は、どうしていけないのか、こういう選手に黙っていることはこの子たちのためによくありません。

ですから、私は叱ります。言いたいことではなく、言うべきことだと思っているからです。もっと言えば、「言わなければいけないこと」だと思っています。

それは彼らが野球選手としてだけでなく、これから生きていく上で一人の「人」として大切なことだからです。ただ、その時に自分の感情をぶつけるのではなく、子供に伝わることを目的として話さなければなりません。

誉めることも大切ですが、今だからこそ、叱ること、叱るところ、叱り方を大切に考える時代のような気がします。怒るのは感情ですが、叱るのは愛情です。口から出る言葉が「心を通ってきた言葉」なのかどうかが問われています。

「試合のための練習とは何かを考える」

～試合が発表会なのは我々指導者も同じです～

練習でできないことは試合でできないとよく言います。

練習でいかに試合を想定しているかという意識を子供に持たせるか、とても大事なことですよね。

いかに緊張感を持って練習に臨ませるか。

よく、練習でできていたのに試合でできなかったと言いますが、それは、練習のための練習になってしまっているからではないでしょうか？

ただし、練習だからこそできることや確かめられることがあります。ゲーム形式の練習でランナーの時、自分のリードの歩数が何歩くらいならいけるのか？　左ピッチャーの時は？　右ピッチャーの時は？　逆に言えばどれぐらいまでリードしたらアウトになるのかは練習でしか試すことができません。

だから、練習でアウトになって怒られるのはちょっと違うかなと思うんですね。もちろんボーッとしていてアウトになったら叱りますが（笑）。

何歩くらいリードできるのかを試合のために練習で確かめたわけで、私の中では当然OKのことです。これも試合の時に何歩リードしたらアウトになるという「試合のための練習」なのだと思います。

練習と試合が繋がっているということを、どうやったら、小学生に伝えられるのか、とても難しいことですよね。私が練習で取り組んでいることです。よろしければ参考にしてください。

キャッチボール

よくボールを捕ってクルッと背中を向けてしばらくしてからボールを投げる子がいますが、うちは禁止です。

「捕球から投げるまで全て一連の動作で投げなさい」と伝えてあります。「試合中に捕ってから背中を向けることはある？　キャッチボールも試合を意識してやろう！」と話しています。

ボール回し

ウチはボール回しで使うボールは一つです。ボール回しで暴投が出ると、後逸したボールを順番待ちの選手が追いかけていきます。そして別の順番待ちの選手はカットマンに入っていきます。

「自分の順番ではない時もボールから眼を切らないようにして動ける状況にいな

さい。そして、決してプレーを止めないこと。試合中に暴投したらプレーが止まるのか？違うボールが出てくるのか？」と話しています。

バッティング練習の守備

バッティング練習のときの守備ほど実戦に近いものはないと選手に話しています。球拾い感覚でやっている選手は残念ながらグラウンドから出される時があります。そして、捕って終わりではなくバックセカン・バックサードに投げさせて実戦を想定して守らせています。

イレギュラーの局面で観客になるな

ノックで外野フライを打っていて、内野フライになってしまうときがありますが、それでも「ノー」とは言いません。「すぐに全員で誰が捕るのかをコールしなさい」と選手には伝えてあります。外野フライだから関係ないとボーッとしている選手は、こういうイレギュラーの局面に対応できません。そして、試合ではこちらが予想できないイレギュラーのことが発生します。そういう場面で全員の声が止まってしまうのではなく、何が起きたのかを声で伝達する癖をつけなさいと彼らに話しています。

「試合だと思って練習をやりなさい」と言葉にするのは、もちろんですが、具体的にそれがどういうことなのかを指導していくのが指導者の役割だと思っています。

そして試合の時に

「何回やったんだ！」

「何度言わせたらわかるんだ！」

と大きな声を出される方がいらっしゃいますが……、

「やったこと」ではないのです。「できるようにさせたこと」なのです。

「言ったこと」ではないのです。「伝わったこと」なのです。

よく子供に「試合は練習の発表会」だと言いますが、それは私たち指導者が「できるようにさせたこと」「伝わったこと」の発表会なのかもしれません。

「目標を立てるために必要なものとは」

〜的《まと》と標《しるべ》〜

「目標がその日その日を支配する」

私はこの言葉が大好きです。いざ子供たちに目標を決めてみよう！と言うと、翌週の野球ノートには、「守備をがんばる」「バッティングをがんばる」こんな答えが多く返ってきます。

目標を決める時に気を付けることとは何でしょうか? まずは「目的」と「目標」をしっかり明確に分けることが必要です。

目的は「的《まと》」遠い先にあるものです。

「優勝する！」「関東大会に行く！」

これらが的となります。チームの最終到達点のイメージです。

この一つの的に行くために各選手が何をすべきかが「標《しるべ》＝目標」になります。

ピッチャーを例に「目標」までの作り方をお話ししていきたいと思います。


ピッチャーの子に目標を聞くと、「ピッチングをがんばる」とノートに書いてありました。お分かりのようにこれでは具体性に欠けます。

「ピッチングの何をがんばるの？」

と聞くと球速を上げたいと返ってきました。

「球を速くする」

という目標に変わりましたが、まだ具体性に欠けます。私が子供たちに目標の中に必ず入れてきなさいと言っているものがあります。

それは「数字」です。

数字を入れることによって目標は具体的になり、やる気も出てきます。そしてこの数字は簡単に届くものでもいけませんし、あまりにも程遠いものでもいけません。がんばってクリアできそうな数字を設定してください。

「球速を5キロ上げる！」

少し目標っぽくなってきた気がしませんか？　ですが、これで終わりではありません。残念ながら、ここで終わってしまっているチームが非常に多い気がします。この「球速を5キロ上げる」というのは「到達目標」です。ここからが本当の目標です
この目標をクリアするために何をしなければいけないのかという「行動目標」が必要になってきます。要は「すべきこと」です。そしてこの「行動目標」にも数字が必要です。

「毎日走る」ではなく、「毎日5キロ走る」

「ご飯をたくさん食べる」ではなく、「毎日2杯ご飯を食べる」

数字を入れることによってより具体的な目標になります。練習メニューをどうしていいかわからないときは指導者の皆さんに聞いてみるといいかもしれません。

バッターの場合は「1試合にヒットを2本打つ」などの目標だと当然のことながらできたりできなかったりするのでスピード測定器でバットスピードを目標にすると良いと思います。

最後に、この「球速を5キロ上げる」という「到達目標」を「いつまでに」するのかを決めます。また数字です。「3ヶ月以内に」「6ヶ月以内に」などと数字を入れることで、よりアグレッシブになり明確にがんばれるはずです。

まとめると、

到達目標＝「球速を5キロ上げる」

行動目標＝「毎日5キロ走り込む」「毎日体幹のトレーニングを3セット」「毎日シャドーピッチングを2セット」

リミット＝3ヶ月以内

子供が到達目標や行動目標をどう設定したらいいかわからないときは指導者がアドバイスすることも必要ですが、そこもまずは子供に考えさせてほしいところです。

「野球の楽しさを段階的考えること」

～好守は「攻守」と「考守」から生まれる～

野球をしていく上で一つ一つのプレーに「段階」があると思っています。

それを我々は「ステップアップ」と呼んでいます。バントであれば、送りバントができるようになってセーフティーバントに、それができるようになったら、プッシュバント……このように一つの一つの段階を経て、野球の楽しさと奥深さを子供たちが味わい、体験してほしいと思っています。

外野手のダイビングキャッチについて、考えてみましょう。

段階①

「外野手はノーバウンドで捕らなきゃアウトにならねえぞ！」

外野ノックを打っている時に突っ込んでこないとウチの選手は、まず私にここをトコトン言われます。

「ダイビングキャッチすればノーバウンドで捕れるかもしれないだろ。外野はノーバウンドで捕らなきゃアウトにならない。必死で一つのアウトをとれ！」

徹底的にノーバウンドで捕ることを意識づけさせる……「意識づけ」これが段階①。

段階②

段階①である程度、意識づけできると、今度は、何でもかんでもダイビングキャッチする子が出てきます。ただ単に飛び込むことを喜ぶ指導者になってはいけません。

「ライナーの場合は、グローブに当てられるという確信がある時だけ、ダイビングキャッチをするように」と話します。

理由わかる人？と聞くと子供の中から、

「ライナーだとカバーが間に合っていない可能性が高いからです」と、すると別の子供が、

「ということは、レフト・ライトのライン際のライナーは、センターのカバーが遠いから、余計にグローブに当てられるという確信がないとキツイってことですよね？」と質問が出てきました。聞いている私は嬉しくてニヤリとしちゃいます。

僕は、最初から答えをあまり言いません。まずは子供に考えるようにさせています。

打球でダイビングキャッチするかどうかを考える……「打球判断」これが段階②。

段階③

「最終回、ウチが1点リードの守り。ツーアウトランナーなしで外野へ飛球が上がりました。ダイビングキャッチするかどうか微妙な打球……ここは冒険してダイビングキャッチする場面か、しない場面かどっちだ？」と聞きます。

「長打になることが一番いけないと思うので、ここは、無理するところではないと思います」と。

（おっ！　だんだん野球がわかってきたな）

その状況でダイビングキャッチするかどうかを考える……「状況判断」これが段階③。

何でもかんでも飛び込んでダイビングキャッチをすればいいというわけではありません。ですが、段階①の「ノーバウンドで捕る」ということが大切です。まずは「アウトにする気持ち」を子供に植え付けさせる。そして段階を進んでいくうちに「飛び込まない勇気」を持つ時もやってきます。一つ一つのプレーに段階があるわけです。

その段階を一つずつクリアしていくことで、野球の奥深さがわかり、野球がより楽しくなってくるのです。

最終回ツーアウト満塁の場面での好守は「攻守」と「考守」から生まれます。

「あなたのチームは集団か群れのどちらでしょうか？」

～チームの前に集団になっていますか～

チームとは「目的が一つである集団」です。その前提がないとチームは成り立ちません。目的が一つである集団と書きましたが、皆さんのチームはその前に「集団」になっているでしょうか？

「集団」になるということは、

①チームのルールがきちんと機能していて、自分たちで守っていくことができること。

②監督・コーチの最低限の手助けで、自分たちで目標に向かうことができること。

③個が個として機能していてそれをお互いが認め合っていること。

そして、私のキーワードはできるだけ、「自分たちで」ということです。これらの①〜③がないと「集団」ではなく「群れ」になってしまいます。

「集団」と「群れ」は違います。集団は、チームの先頭に立ち、チーム全員のことを考える「キャプテン」がいます。群れは、自分の利益のことだけを考える「ボス」がいます。

少し前に「35歳の高校生」というドラマがあったのをご存じでしょうか？　あのドラマの中で「スクールカースト」という言葉がありました。クラスの全員がAチーム・Bチーム・Cチームとランク付けされ、Aチームの生徒におびえAチームの生徒に絶対服従するという展開。いわゆる「群れ」の状態です。番組当初はその「群れ」だったものが米倉涼子さんという「リーダー＝キャプテン」の登場で個を認め合う「集団」に変わっていくストーリーでした。

群れは、ボスのために戦います。集団は、チームのために戦います。群れは、格差があります。集団は、平等です。個々を認め合ってはじめて「集団」になるのです。そして、「集団」は全員共通の目的を持って「チーム」となっていくのです。

最終回ツーアウト満塁の場面で「チーム」と「群れ」の差が出てきます。

「いいチームに集まるものと悪いチームに集まるもの」

～絆と溝が試合で出てしまう～

いいチームと悪いチーム、皆さんそれぞれに考えがあり一概には言えないと思いますが、いいチームに集まるものと悪いチームに集まるものがあります。

笑顔の選手には、笑顔の選手が集まる。
感謝をする選手には、感謝をする選手が集まる。
信頼がある選手には、信頼がある選手が集まる。
やる気がある選手には、やる気がある選手が集まる。
元気がある選手には、元気がある選手が集まる。

応援する選手には、応援する選手が集まる。
優しさを持っている選手には、優しさを持っている選手が集まる。
挑戦する選手には、挑戦する選手が集まる。
こういうチームには、「絆」がある。

悪口を言う選手には、悪口を言う選手が集まる。
陰口を言う選手には、陰口を言う選手が集まる。
否定を言う選手には、否定を言う選手が集まる。
無関心な選手には、無関心な選手が集まる。
苛立っている選手には、苛立っている選手が集まる。
妥協する選手には、妥協する選手が集まる。
こういうチームには、「溝」がある。

「絆」と「溝」……その差が大切な試合で出てしまうものです。

「子供が指導を受け入れる態勢を作っていますか？」

～指摘者ではなく指導者でありたい～

私たちは指導者と呼ばれています。

「腰が高いぞ」「バットが下から出ているぞ」

これらの言葉で終わってしまうのは指導者ではなく「指摘者」です。指摘者だけになってしまってもいけませんが、一から十まで全てを教えてしまうのもどうかと思う部分があります。もちろん学年や時期にもよりますが……。指導者は当然のことながら「子供に野球を上手になって欲しい」そう考えています。その思いが強すぎて大人側のペースで指導をしようと考えます。例えば、選手の大半が外角のボールを逆方向に打てずに試合に負けてしまいました。2つのパターンの例です。

パターン①

試合に負けた次の週の練習で、「先週は外の球を打てずに負けてしまった。いいか、外角のボールはなるべく引きつけて逆方向に打つんだぞ！　わかったな！　よし！　練習開始！」「はい！」こんな感じで練習が始まりました。

パターン②

試合に負けた当日に、「今日は外の球を打てずに負けてしまった。来週までの1週間、どうやったら外角の球を打てるのか？　そこで起こる疑問、何でもいいから思ったことをノートに書いてきて」そう話してから一週間後、彼らの野球ノートには様々なことが書かれていました。

（逆方向に打とうとするとフライが多くなる）
（外のボールのポイントがいまいちわからない）
（引きつけようとすると振り遅れるのが怖い）
（外角を意識していると内角のボールが来た時にどうしていいかわからない）

（多少の外なら引っ張ってもいいですか？）

（逆方向ってどのあたりを狙うイメージですか？）

「逆方向に打つ」ということをまずは子供たち自身が考え疑問を持ちイメージしてくる。こうすることで子供たちが指導者の指導をより「受け入れる準備体制」ができている状態になるわけです。つまり、彼らが、

「どうやったら外角が打てるのだろうか？」

ということを一週間考えてくることで答えを知りたくなるわけです。

言葉が悪いですが、

「どうやったら逆方向に上手く打てるのだろう」

とちょっと飢えさせるのです。子供たちが考えてきたいろいろな疑問やイメージを指導者がアドバイスし、練習に入る。そしてそのイメージを練習で確認していく。

まずは子供たちが自ら考えることで指導者の話を「受け入れる体勢」ができるはずです。

「公式戦で勝てないチームの練習試合の特徴」

～指導者が自分のチームを正しく評価できているのか～

「今日もコールド勝ちだ！　今年のチームは強いぞ！」

「今日も大差での勝利だ！　このまま行けば優勝できるかも！」

練習試合の後にこんな声をよく耳にします。

以前、コールドで練習試合に勝った時のことです。私からすると勝ったは勝ったのですが内容的にはボロボロの内容。コールド勝ちしたものの打ったヒットは3本。後は相手のエラー、フォアボール……取った点ではなく、もらった点ばかり。

バント失敗が2つ。サイン見落としが2回。守りでも、練習でやってきた中継のミス、狭殺プレーのミス。声をかけ合わなかったために譲り合ってフライがポテンに。

結果はコールド勝ちでも、僕からすると反省する点が多く突っ込みどころ満載の試合でした。

試合終了後、一人のコーチが子供のところに駆け寄ってこう言いました。

「すごいな！ お前たち！ これで3試合連続コールド勝ちだな！ 公式戦もいけるぞ！」

気持ちはわかるんです。結果だけ見たらコールド勝ちですから。このコーチの視点は「コールドで勝った。公式戦も優勝できるかもしれない」という結果からくる展望。

私からすると、「内容がボロボロ。このような試合をしていたら優勝なんてできない」という内容からくる修正。

大切なことは指導者がどういう視点で試合を見ているかということです。

「勝ち負けより内容」私は練習試合に関しては基本的にこの考えです。

公式戦の前だったり、時期によっては勝ちにこだわる練習試合をする時もありますが、練習でやってきたことが試合でどれだけできるのかを練習試合で確認し、公式戦に向けて修正する。そのための練習試合だと思っています。

「練習試合○連勝！」というのは私の中ではあまり興味がないところなんですね。練習試合でいくら勝っても公式戦に勝たなければいけないわけですから。
当たり前のことですが、公式戦で勝つために練習試合があるわけです。練習試合に勝つための練習でもありません。練習も練習試合も公式戦に勝つためのものです。
こういう試合の後こそ試合終了後のミーティングが大切になってきます。
私が見てきたチームの中で「強い」と言われていたチームは子供たちがわかっていました。

「勝ったは勝ったけど内容が良くなくて、こんな状態では上にはいけないと思います」

私からはミスが起きた原因と修正部分をこれからどうするかを言うぐらいでした。

ですが、どうしても結果だけを見てしまう子供がいます。

そんな時に指導者が子供と同じ目線で練習試合の内容より結果だけに目が行ってしまったら、公式戦に負けた時、

「練習試合では強かったのに……」

「本番に弱いんだ。気持ちの問題だ！」

そんな言葉を並べてしまうのではないでしょうか？

確かに気持ちの問題もあるのかもしれませんが、全て気持ちのせいではないはずです。

内容が良くないのにコールド勝ちをしたという結果で自分のチームの力を過大評価し、指導者が修正すべきところを修正してこなかったことが原因であるケースもあります。

「あの回がなければ勝てたのになあ」

この言葉も同じことです。私からすると、「あの回が出てしまうから負けるチーム」な

のです。

どうやったら「あの回」がないようにするかを考え修正していかなくてはいけないんです。「あの回がなければ」という考えではなく「あの回があるチーム」という考えにスイッチしなくてはいけません。

コールド勝ち、得点だけではわからないものがあります。打って取った10点なのか、もらった10点なのか、同じ10点でも全く違う10点です。

親御さんからすると、「コールドで勝ったのになんで怒られているんだろう」と思うことがあるかもしれませんが、それは「結果」ではなく「内容」を見てくれる指導者なのだと思います。

そして、私たち指導者はその「内容」を反省・修正し、公式戦までに何をすべきかを考えなくてはいけません。

公式戦のための練習試合です。練習試合をしっかり分析し「治療と予防」を練習することが公式戦での勝利に繋がります。

「上がりノックは捕ったら終わりですか？」

～やり方によってボールへの執着心を植え付けられる～

少年野球の上がりノック、みなさんのチームはどういった形で終わりになるのでしょうか。大体のチームは、「捕ったら上がり」というやり方が多いのではないでしょうか？

うちのチームでは「捕ったら上がり」ではなく、「納得したら上がり」にしています。

……というか子供たちがそうしました。

彼らは自分のどこが悪いのかを知っています。

グローブが上から落ちる選手。

グローブの角度が悪い選手。

仮に捕れたとしても自分が納得しなければ上がって来なくなってしまいました。

仮に捕れても、「あー！　グローブが上から落ちた！　もう一丁！」「あー！　角度悪い！」こんなふうに納得しなければ上がってきません。

「捕る」ことももちろん大切ですが「捕り方」も大切なことを知っています。悪い形で捕球できてもそれは「たまたま」であり、精度が上がりません。

なかには納得した「捕り方」もできて「捕球」もできたのに「あー！　感覚がわかってきた！　忘れないうちにもう一丁！」　時々キリがないので（笑）そういう選手は別のコーチにお願いして個人ノックに変わります。

グローブの角度が悪い選手がいい感じの捕球の仕方をしました。

「よし！　OK！　上がり！」

せっかくいい感じになったものを1回で終わりにするのってもったいない気がしませんか？　悪いところが直りかけている絶好のチャンスだと思うのです。

ですから僕も、

「あー！　いい感じになってきたぞ！　忘れないうちに行くぞ！」

そんなふうに声を掛けて捕った捕らないではなく「捕り方」に重点を置いた上がりノックを打つことが多いです。

横にふらせてダイビングキャッチをして上がるノックもいいでしょう。私も時々やりますが、それは「ボールへの執着心」という意味合いで行います。この場合は「捕り方」より「捕る」ことの意味合いが強い場合ですね。

上がりノックにもいろいろな考えがあります。捕ったら上がり、飛びこんだら上がり、だけでなく「捕り方」で上がるノックも取り入れてみてはいかがでしょうか？

捕り方と捕ることが両方できた時、満面の笑みで上がってくる子供の姿を見るのが大好きです。

「普段からそういうチームですか？」

～普段の努力と不断の努力～

試合中にミスが出てしまった選手がいました。監督・コーチは試合後にこう言いました。

「何で周りの選手は声を掛けてやらなかったんだ！」

でも、練習の時はどうだったのでしょうか？　練習の時からそういう声掛けをしているチームだったのでしょうか？

試合中に声が出ていない選手がいました。監督・コーチがこう言いました。

「声を出せ！」

でも、練習の時はどうだったのでしょうか？　試合の時だけやらせるのは無理です。

試合に負けて悔しがらない選手に監督・コーチがこう言いました。

「お前たちは悔しくないのか！」

でも、練習の時はどうだったのでしょうか？　負けて悔しいと思えるような練習をしていたのでしょうか？

「練習でできないことは試合でできない」と言いますが、それは技術のことだけではありません。もっと言えば、「普段」の私生活がだらしなければそれは練習や試合にも出てしまいます。

ところで「普段」という字が「当て字」だということをご存じでしたか？　私たちが使っている「普段」は、本来は「不断」と書きます。そして「不断」には2つの意味があります。「絶え間ない」と「日頃」です。試合だけの一点を見ても仕方ないのです。練習や私生活である日常の「普段の努力」を絶え間なく続ける「不断の努力」。この両方の「ふだんの努力」が試合に出てくるのです。

「継続は力なり」という言葉があるように、努力は続けることが一番大事なのです。そうして続けることによって、やがては「普段」になるのです。「試合の時だけ」というのは

「普段」にはならないのです。

練習や私生活でできていないことを試合でやらせようとするのは、「普段」ではなく「余所行き」の野球です。「余所行き」とは文字通り、よそに行くことです。

つまり、それは練習通りでもなければ普段通りでもないのです。

皆さんのチームの「普段」はどんなことができているのでしょうか。その「普段」が最終回満塁の場面で出ているはずです。

「野球にはなぜ体重制限がないのでしょうか?」

～大きい選手には勝てないのか～

試合の時、相手チームを見るとみんな大きい子ばかり。試合も残念ながら負けてしまいました。

試合に負けた後、選手を慰めようとして、

「相手チームが大きかったから仕方ないね」

そんなひと言を子供に言ってしまったことはありませんか?

確かに野球は「体が大きい」ほうが有利かもしれません。ですが、それを「勝敗の理由」にするのは違います。

極端な話ですが、「体が大きかったから」ということが勝敗の原因であれば試合をする必要性がありませんよね。

私は今でこそ身長が180センチありますが、小学校の頃は整列しても前から2番目か3番目でした。

私が現役の時のことです。相手チームを見ると選手全員が大きな選手。試合前から周りの友達も「でかい！　勝てるわけがない」という雰囲気でした。もう試合前から負けてしまっているんですよね。

結果、試合にも敗れ、「相手が大きかったから仕方がない」私もそんなふうに思い始めた時、何人かが同じように口にしました。

監督の耳にそれが入ったのでしょう。私たちにこんな話をしてくれました。

「お前たちは体の大きさを負けた原因にするのか。だったら食事を増やすなりもっと食べる努力をすればいい。それも考え方の一つだ。

でも、野球はボクシングのように体重制限があるわけじゃない。なぜだかわかるか？野球は体が小さい者でも勝てるスポーツだからだ。

〝体の大きさ〟で負けていると思えば〝技〟で勝てばいい。〝頭〟だってある。今日の試合も体の大きさで負けたんじゃない。野球で負けたんだ」

この監督の言葉は今も私の胸にずっと残っています。

そして、ＷＢＣの第1回大会で体が大きい外国人に挑み戦っていく姿は感動的で、優勝した瞬間に私は監督のあの言葉を思い出しました。体が大きくなることは野球選手にとって必要なことですし、そのための努力もしなければいけないでしょう。

ですが、「体の大きさ」以上に卓越した「技」を持ったいい選手もたくさんいます。当時の監督の言葉は、選手時代はもちろん、指導者になった今も私を支えている言葉になっています。

「ご飯をたくさん食べなさい」

と子供に言いますが、

「自分だけの技を磨け！　磨かないと錆びるぞ！」

という言葉も子供たちに伝えています。

「陰口を止めて陽口《ひなたぐち》を語る大人になりませんか？」

～心までカビないように陽でいたい～

先日、居酒屋で一人で飲んでいたときのことです。少年野球の関係者の方が近くの席で飲んでいました。

「あいつ、本当に使えないよねー」

「あいつの親、甘いからね」

「野球に向いてないいんじゃないの」

そんな会話が聞こえてきました。ある一人の選手とその親御さんの悪口を言いたい放題。その選手の名前を出し、チームのグラコンを着て話しているので、どこのチームだかわかってしまいました。しかも、お店中に聞こえるような大きな声で。

この監督とコーチはこの選手にどう接しているのだろうか、親御さんにどう接しているのだろうか、自分の子はこういうチームに入れたくないな……そう思いながら私はお酒をお代わりしました。

確かにいろいろな選手がいます。いろいろな親御さんもいらっしゃいます。でも、本人がいないところの陰口はどうなのだろうかと首を傾げます。「野球に向いてない」そんなことを指導者の口から出ること自体が私からするとあり得ません。私もよくスタッフとお酒を飲みに行きます。

「○○は最近、調子悪いけど何かいい解決策はないかな?」

「バントの握り方、どう教えてる?」

スタッフが子供全員のことを真剣に考え、いろいろな議論をする。そこには時に意見の衝突もありますが、根底にある「子供のために」という考えが全員にあればあとは意見を擦り寄せて行くだけの話です。

私は親御さんや選手に何か問題があった場合は先に当人に話をします。親御さんが良かれと思ってやっていることも時にはそうでない場合があります。ほとんどの親御さんはこちらの方針や意思を伝えればわかってくれるものです。それを本人に言わないで陰口で盛り上がる飲み会であればただの「悪口大会」なのではないでしょうか？

「陰口」という言葉の反対語があります。それは、「陽口《ひなたぐち》」という言葉です。人は他人の悪い点が目につきやすいものです。そして、それを言葉にしてしまいがちです。ですが「○○の守備、最近、本当に良くなったよね」「××は最近、声も出て元気いいよね」本人がいなくてもそんな「陽口」で飲むお酒のほうが美味しいのではないかなと思います。

きっと、陰口を発している時は、自分の心も陰になっています。陽口を発している時は、自分の心も陽になっています。

心が陰になって、暗くなっていくといつしか心にカビが生えてきてしまいますから、心も言葉も「陰」ではなく「陽」でいたいですね。

「練習メニューで楽しさだけを取り入れてはいけない理由」

〜本来の目的は何でしたか?〜

皆さんのチームではボール回しをどのようにやっているでしょうか? 強いチームはボール回しが上手です。

ウチは小学生ということもあり内外野関係なく全員がボール回しに参加します。

①時計回りのボール回し
②時計と逆回りのボール回し
③腰をさらに低くしてタッチを入れたボール回し
④ベースの後ろからステップをいれたボール回し

まだまだ教えたいこともあるのですが、小学生なのでとりあえずこんな感じです。

そもそもボール回しの目的とは何でしょうか？

「速さ」と「正確さ」

私が選手に言っているのはこの２つです。

肩の強さや送球の正確さもありますが、捕球した後にいかに早く正確に送球の動作に移れるか、これを求めていくには「正確なステップ」や「捕球態勢」が必要とされてくるわけです。

よく少年野球の現場などで、「50回ノ

ーミスでボール回しをしよう！」と言って指導者の方が子供たちを盛り上げようとすることがありますよね。

私も時々やります。チームの一体感を得たい時や目的達成の満足感を子供に知ってもらうためには時に回数を数え、盛り上がることも必要だと思います。

ボール回し……バッティング練習などと違い子供にとっては面白くない練習であり、単調だと感じるメニューの一つです。だからこそ楽しくボール回しをしようという考えも理解できます。

でも私は、「ボール回しは楽しくなくていい」と思っているんですね。

語弊がある言い方かもしれませんが、時には回数を数えて盛り上がることも大事かもしれません。でも毎週毎週でなくてもいいと思っています。

一見単調に見えるボール回しをどれだけ集中してやれるのか、正確なステップと捕球態勢。それに加えて「声」と「反応」も大切になってきます。

私はボール回しをする時にあえて「回数」を言わないことが多いんですね。そうすると集中力が切れていく選手があからさまになってきます。

ステップや捕球姿勢が雑になってくる子。
声の量が落ちていく子。
私のほうを見て「いつ終わりになるか」ばかりを考えている子。

「これぐらいの時間のボール回しを集中できないやつが試合で集中できるわけない。単調だと思えるものこそ集中しよう」そうよく彼らに言います。

もしよろしければ練習で回数を言わないでボール回しをしてみてください。何かを発見できるかもしれません。

子供が集中するために「楽しさ」を取り入れることもあれば、子供に集中させるために「楽しさ」を取り入れないことも必要な時があります。

楽しい練習も必要ですが、練習メニューの「本来の目的」を忘れてはいけません。

COLUMN 4

「少年野球指導者」あるある！10選

1 お父さんコーチでなくなった瞬間に嫁さんからお弁当を作ってもらえなくなる

2 ノックを失敗した時に子供から「何やってんだよ！ノッカー！」と言われると、ちょっぴりイラッとするが実はちょっぴり嬉しい

3 寡黙な監督に憧れて真似をしようとするが結局できない

4 外野ノックが妙に調子いい時がある

5 「この回が勝負だぞ！」と毎イニング言っている自分がいる

6 遠征の時は裏道で信号にひっかからないことをジンクスにしている

7 親御さんが子供に差し入れしたアイスが余り秘かにもらえることを期待している

8 少年野球の指導者は1年中黒いそして早いと5月には皮が剥ける

9 試合中に「焦るな！」と子供たちに言うが実は自分が一番焦っている

10 木製のノックバットが重いと思った時に老いを感じる

……あるある (^_^;)

第5章 最終回ツーアウト満塁 その場面がきた！

「試合前にできるメンタルのコントロール方法」

～リラクゼーションとサイキングアップ～

試合直前。今、あなたはどんな精神状態であり、体調はどうでしょうか？　おそらくほとんどの選手が緊張しているはずです。緊張は悪いものではありません。その緊張とどう付き合っていくかが大切なことだと認識してください。緊張しているのに「俺は緊張していないんだ」と思うことが一番よくありません。ですが、ほどよい緊張はいい結果を生みますが、緊張のしすぎはベストなパフォーマンスを出すことができません。

緊張のしすぎで起きる現象はどういうものがあるでしょうか？

①呼吸が速くなる

②脈が速くなる

こんな状態が起こってきます。脈の速さは自分でコントロールできませんが、呼吸の速さは自分でコントロールすることができます。だから「深呼吸」は理に叶っているのです。その深呼吸にもちょっとしたコツがあります。

① 2秒ぐらいで息を吸いこみます。目の前にある「緊張という空気」を吸い込む意識で吸ってください。
② 2秒ぐらいで呼吸を止めます。「緊張という空気」を自分の中に貯めます。
③ 5秒ぐらいで「緊張という空気」を全部吐き出します。

公式戦や緊張した場面でこれを繰り返してみてください。この「深呼吸」をすることで「緊張が和らいでいく自分」をつくり上げていくことができます。そして「大丈夫だ」と思えるようになってくるのです。

いわゆる「ルーティン」の一つです。この深呼吸に「スーパー深呼吸」のように名前を付けることで普段の深呼吸とは違う「特別感」を持つことも方法です。緊張状態から自分を和らげるための動作を「リラクゼーション」と言います。

試合前に好きな歌を聴く。笑顔を作る。ゆったりとした気持ちでストレッチを行う。緊張している自分にどんなリラクゼーションが合っているのかを探しだしてみてください。

逆に集中していない状態の時もあります。試合があることで興奮して睡眠不足になってしまった。または何らかの理由で体が重い。これらのことが原因で集中状態に入れない時もあります。ではこのような時はどうしたらいいのでしょうか？ 今度は意識的に「呼吸を速くする」「脈を速くする」のです。このような動作を「サイキングアップ」と言います。一人でダッシュをしたり、もも上げをすることで呼吸も脈も意識的に速くしていくのです。試合前の円陣で大きな声を出すのもサイキングアップの一つと言えるでしょう

集中力を高めたり、緊張状態をリラックスさせたりすることで「ゾーン状態」と言われる一番ベストなパフォーマンスが発揮できる状態にしていくわけです。

最終回ツーアウト満塁の場面、緊張することは悪いことではありません。緊張を認め、どう付き合っていくのかが大切なことになります。

#「バッターボックスでの集中法」

～自分にできることを具体的に考える～

最終回ツーアウト満塁。得点は1点負けている場面。

君が打たなければ試合終了となります。

心は整っていますか？

バッターボックスへ向かう君は何を考えて打席に立つでしょうか？　バッターボックスに立てば技術のことを頭の中であれやこれや考えている時間はありません。練習で磨いてきた技術を出すだけです。

その技術を出せるための「心」をどう扱えばいいのか考えてみましょう。こういう場面で結果を出せる選手と出せない選手の違いをよく「メンタルの強さ」だと言います。

こういう場面で結果が出ない選手は「マイナスの結果」を考えてしまいます。

（打てなかったらどうしよう……）

（監督に怒られるだろうなあ……）

（打てないからフォアボールにならないかなあ）

（みんなに何て言われるんだろう……）

マイナスな結果を一つではなく、二つ三つとたくさん考えてしまうのです。マイナスな結果を考えることはもちろんよくありませんし、いろいろなことを考えている時点でもう「集中」できていない状態です。

逆にこういう場面で結果を出せる選手は一つのことだけを考えています。

いわゆる「集中」している状態です。

「絶対ランナーを返してやる」

「ヒットを打ってやる」

ただここで一つだけ私が言いたいのは「自分でできる」ことだけを皆さんに考えて欲しいのです。わかりやすく言うと、もう少し具体性を持って欲しいということなんです。

例えば「ヒットを打ちたい」という気持ちはもちろん必要です。ですが、いくらヒットを打ちたいとバッターボックスで思っていて、いい当たりを打ったとしても相手がファインプレーをしてしまえばヒットにはなりません。

つまり、ヒットを打ちたいという気持ちは必要なことですが「自分でできること」にはならないのです。「ヒットを打つために何ができるのか」を考えるのです。

「ベルトより高めのボールを狙う」

「変化球を狙い打つ」

「外角の球を狙う」

ヒットを打つための確率で一番高いことを打席で考えてみるのです。具体性を高めると人はより集中できます。

最終回ツーアウト満塁の場面では……自分が具体的にできることを考えてバッターボックスに立ってください。

「キャッチャーに必要な〝面〟」

～観察力と洞察力でチームを動かす～

キャッチャーというポジションは唯一全員の顔を見て守るポジションです。そしてただ一人ダイヤモンドの外で守るポジションです。

キャッチャーは扇の要でありダイヤモンド上では事実上の監督になります。叱られることが多いポジションですが、それは、捕手のリードや見落とし一つで試合が動いてしまうからです。だからこそ面（マスク）を被り、いろいろな「面」を見なければいけません。

見えている野手の8人とバッターの外面＝観察力

そして、その外面とは違う心の内面を見抜く＝洞察力

そういういろいろな「面」が見えてくることによって試合の「場面」や「局面」を面越

しに考えていくのです。そのうえで面越しに見る観察力と面の中で考える洞察力が捕手には必要になってきます。

なかでもキャッチャーは観察力が重要視されます。

何か仕掛けてくるかもしれないと相手ベンチを観察する力。

味方のピッチャーがイライラしているかどうか観察する力。

イライラしているのが見えたらタイムをかけるなり間を取る必要がありますね。いろいろなことを観察する力は試合だけでは養えません。普段の練習はもちろんですが私生活でも「観察する力」がある選手がキャッチャーには求められるのです。観察力とは「目に見える範囲」を見る力です。

対して洞察力とは、観察したことからバッター心理を見抜く力、推理する力のことです。

キャッチャーのリードの「駆け引き」に必要な力ですね。この「洞察力」の前提には「観察力」があります。観察したことから「どうやってこのバッターを打ち取ろうか」「バッターは次の球で何を待っているのか」そういうことを見抜き、推理することです。

一打席目は初球のストレートを打たれた。さて二打席目……（セオリーでいけば変化球から入ろう）（いや、待てよ）（バッターも同じことを考えてカーブを狙っているかもしれない）（バッターボックスの立ち位置は？）（裏をかいてインハイのまっすぐから入ってみるか……）（いやコントロールミスがあったら長打が怖い）

こんなことを考えているだけでワクワクしてきちゃいますね。

このキャッチャーの洞察力でピッチャーの投げる球が決まります。そして、それによって守備のポジショニングも変わってきます。つまり、自分の「観察力」と「洞察力」でチーム全員が動くわけです。これがキャッチャーの醍醐味であり、一番面白いところではないでしょうか。

面越しから見えるいろいろな場面や局面で自分が試合を動かす。最終回ツーアウト満塁のシーンでキャッチャーから見える景色はどんな世界なのでしょうか？

「ピッチャーは独りじゃない」

～険しいマウンドという山に登るために～

何年か前のことです。

ウチのピッチャーが最終回に連打を浴びて冷静さを失ったときにタイムをかけてマウンドに行き、こう言いました。

「今さ、バッターしか見えてないだろ?　自分一人でバッターを打ち取ろうとしてない?　周りを見てみな。守っている8人が、お前にはついているんだよ。守っている人間だけじゃない。ベンチの連中もそれは同じ思いだよ。ひとりひとりの顔を見てみろ。元気をもらえるから」

OBになった彼が「あの一言でスーっと楽になれました」と言ってくれました。

ピッチャーマウンドに上がると一人で戦わなければいけない時もあります。だけど、目の前のバッターの先にはキャッチャーがいて、後ろには仲間がいることを忘れてはいけない。マイナス思考になったらキャッチャーを見てください。思いっきり腕を振れと君をプラスに変えようとしてくれています。君のマイナス思考もプラスに変えてくれます。「プラス」と「マイナス」があってバッテリーです。

打たれたりストライクが入らないときはマウンドから周りを見てください。君は、仲間から信頼されたから、その「マウンド」という山に登っています。仲間の笑顔という景色がその山から見えるはずです。マウンドという山は誰でも登れる山ではありません。人より多く走り、人より多く努力した者だけが登れる山です。そして、その山に登るには、仲間から「信頼」という言葉を得なければいけません。

その中でも「エース」と呼ばれる選手は背中に「1」という数字をつけています。みんなの想いを、自分の想いを「1球」にかける背番号「1」。マウンドは低いですが誰でも登れる山ではありません。そして、日本一険しい山が兵庫県にあります。

その山は「甲子園のマウンド」と呼ばれています。この山に登ろうとたくさんの選手が

努力をします。登った者にしかわからないこともあれば、登れなかった者にしかわからないこともあるはずです。
　誰でも登れる山ではありませんが登ろうと努力している球児たちの姿は胸を打ちます。何よりも、その山に登るために君はたくさん努力してきたはずです。
　マウンドに登ったならキャッチャーを信じて、仲間を信じて、そして、自分を信じる。その想いを白球に込めて投げるのがピッチャー。
　最終回ツーアウト満塁の場面……君はそのマウンドという山に登る資格がある人間だから立っているのです。

「そこで捕り方を変えるな」

～練習通りのプレーができるかどうかが大事～

「練習通りでいいぞ」

「練習でできないことは試合でできないぞ」

指導者の皆さんもこのような言葉をかけることが多いと思います。

最終回、ツーアウト満塁の場面で、自分の守っているところに打球が飛んできました。この場面だから、大事に行こうとする選手、ともかく後ろにそらしてはいけないと捕球より止めに行くことを考える選手。こういう選手に私は必ず言います。

「練習通りか？ 今のプレーは？」

「どんな緊迫した場面でも必ず練習通りの捕り方をしなさい。冬練で、何度も何度

も、形・ステップの基本練習をして、体に染み込ませるために、何百本、何千本の球をノックで受けてきたんだよね？　それを緊迫した場面だからといって慎重にやろうと思い捕り方を変えてしまったら、今まで長い間やってきた練習の意味は何だ？　こういう場面でも同じ捕り方をするために、長い間、練習してきてるんだよな」

そう選手に伝えています。公式戦の最後の大会で練習通りのプレーができるかどうかなのです。もっと言えばメジャーのステージまで選手を育ててきてくれたジュニア・マイナーのスタッフもいます。

小学校1年生から野球を続けてきた子にとっては6年間分の練習がその1球にかかっているわけです。

「その1球の捕り方を変えてはいけない」

何度も子供にそう話しています。そして、慎重に捕ろうとする子ほど、やっぱり、エラーしてしまうんです。いつもと違うことをやっているわけですから。いつも通りでエラーしてしまったら、それは、仕方ないんですよね。ですが、いつも通りではない捕り方でエラーしたら、そういう意味も込めて必ず試合前に言います。

指導者も「練習通りでいい」という練習をしなければならない。だからこそ、指導者は練習の質を上げていかなければいけないと思うのです。練習でできないことは試合でできません。だからこそ「試合のための練習」であり「練習のための練習」ではないのです。

指導者からすると「練習のための練習メニュー」や「練習のための雰囲気作り」が前提になってはいけないのだと思うのです。

そのために必要なことは「緊張感」ではないでしょうか?

練習は「試合の一部を再生するもの」だと思っているんですね。ダッシュもティーも、キャッチボールもシートノックも……全て試合に出てくる一部分を再生しているものだと思うのです。すべての練習が試合に繋がっているという意識を持たせなければなりません。練習でミスが出てヘラヘラ笑っていれば、試合でもきっとそのミスは出てしまうでしょう。指導者がそのミスを一緒になって笑ってしまえば、試合の時にだけ怒るなんてことはしてはいけないのです。練習中に修正できなかったことが試合に出てしまう。それは、練習で修正できなかった指導者のほうに責任があるのです。そして、嫌な気持ちになるのは子供です。引きずってしまうのは子供なのです。

「練習通りでいいぞ」と試合前に言うのであれば、その「練習内容」が指導者に問われるのです。だからこそ試合前にこの一言を言うのには「覚悟」が必要なのです。

最終回ツーアウト満塁の場面で練習通りのことができるかどうか……その答えは普段の練習にあります。

「いいコーチと悪いコーチのアドバイスの違い」

～否定的な言葉ではなく前向きな言葉で～

子供によっては低めが好きな子もいれば高めが好きな子もいます。私はリトルリーグの指導者をしていますが、低めが苦手な子のほうが多いです。小学生で硬式を使っているので、苦手というより「飛ぶ確率が低い」というほうがしっくりくるかもしれません。低めは前の手で捌くので、右のリストが強い右投げ左打ちの選手は逆に低めのほうが得意だったりすることもあります。全員低めに手を出すなではなく、低めが得意な選手を見つけるのも指導者の大切な役目といえるでしょう。それでも低めが苦手な選手が多いのが現実です。試合中に、「ローボールOKよ！」という声を耳にしますね。私も若い頃、よく同じように言っていました。

「低めに手を出すなよ！」

「低めのカーブは打つなよ！」

攻撃の円陣でこういう「否定的な言葉」を多く使っていたように思います。

皆さん。突然ですが、「ピンクの象を想像しないでください」……というと思わずピンクの象が頭に出てきませんでしたか？

否定的な言葉を使うことによって逆に想像して意識してしまうことがあります。「低めの球に手を出すな」という私の指示が逆に低めばかりを意識させ、本来狙うベルトより高めの球すら手が出なくなってしまうことが多くあったような気がします。

今は、「低めに手を出すなよ!」ではなく、「ベルトより高い球を振っていこう!」と言い方を変えています。本来の目的は「ベルトより高めの球を打つ」なんですよね。「低めは打つなよ」という指示だと本来の目的より、そっちばかりに子供は気をとられてしまうわけです。

「三振するなよ」「エラーするなよ」「フォアボールを出すなよ」

指導者からするとよく言う言葉ですよね。

ここは三振だけは勘弁してほしいという場面やフォアボールだけは出して欲しくないという場面。その思いから言ってしまうこれらの言葉が逆に幼い小学生には頭に残ってしまい、意識してしまうことがあるのではないでしょうか。そして、これらの否定的な言葉は全て結果論なんです。三振もエラーもフォアボールも。

「三振するなよ」ではなく「自分のスイング!」とか「練習のいいイメージでいこう」

「エラーするなよ」ではなく「足使っていこう!」とか「一歩目早くな!」

「フォアボール出すなよ」ではなく「腕を振っていこう!」とか「打たせていこう」

否定的な言葉や結果を求める言葉より、幼い小学生にはこっちのほうが気分よくプレーできるような気がしませんか？　伝える側が同じものを求めていても言葉ひとつで受けとる側には違うものに感じたりプレッシャーに感じてしまうことがあるかもしれません。そして、このような否定的な言葉を何度も何度も使ってしまえばしまうほど子供の脳裏に残ってしまいます。

「否定的な言葉ではなく前向きな言葉で」

コーチングの大切さのひとつだと思います。

最終回ツーアウト満塁の場面で指導者は「否定的な言葉」を使わないことです。それから「力むな」といっても、子どもたちは方法がわかりません。反対に、「力め」と言ってあげてください。人間は、力を入れたあとに必ず力が抜けます。それが力が抜けている状態だと教えてあげてください。そしてプラスの言葉でバッターボックスに送りだしてあげてください。

「試合中に起きてしまったミス」

～いつもの自分に戻れる動作をする～

ミスは起きてしまうものです。大切なことはミスが出た後に自分の心理状態をどうするかということです。いわゆる「切り替え」というやつです。監督や仲間が「切り替えろ」とよく言いますが、その「切り替え方法」についてお話ししたいと思います。

①アクションチェンジ

ミスをした後に「行動」をひとつ入れてみましょう。

「帽子を取る」「砂を手にする」「大きく息を吐く」

行動をすることが次のプレーへの「切り替えボタン」になります。自分なりのアクショ

ンを取り入れてみましょう。

②スピークチェンジ

ミスをした時の心理状態はマイナスなものになっています。そのマイナスになっている心理状態のままプレーに入ってしまえば、またミスをする確率が高くなってしまいます。そんな時に「プラスの言葉」を口にしてみましょう。

「大丈夫！」「よし！ 次だ！次！」

この時に間違ってもマイナスな言葉だったり、否定用語を使わないように気をつけてください。

③ ルックチェンジ

ミスや失敗をした選手は下を向きます。私たち大人も気持ちがふさぎ込んでいるときや仕事で失敗をした時には下を向いてしまいます。ではなぜ、下を向いてはいけないのでしょうか？

それは視野が狭まるからです。

エラーをして、下を向いたままプレーが始まる。この状態では「視野が狭い」ままになっています。視野が狭くなれば、ランナーがどこにいたのか？ みんなのポジショニングは？ カウントはいくつだった？……となり、状況判断が鈍ります。

野球は状況判断がとても大事になるスポーツです。状況判断を瞬時にするためには視野を広げていなければいけません。空を見たり、バックスクリーンを見たり、エラーをしたときはなるべく遠いものを見ることが必要なのです。

私は周りの選手に必ず「振り向かせろ」と言います。周りがエラーをした選手に声をかけても下を向いたまま答える人がいます。声をかけるときにはミスをした選手に顔を上げさせるためにも顔を見て声をかけることが大切になってきます。その時はもちろん笑顔がいいですよね。

試合中にミスをしても下を向かない……それは気持ちを沈ませたままにしないことはもちろんですが、視野を狭めないためでもあります。

そして、このあとに「次は絶対エラーしない」「自分のミスは自分で取り返してやる」そう思う気持ちもわかります。

ですがその気持ちが強すぎると「気負い」になります。つまり、「いつも通り」の状態ではなくなってしまうのです。大切なことは「いつもの状態にすること」。①～③をすることによって「いつもの自分」に戻れるようにするのです。

「いつもの自分」に戻れる動作。それを「ルーティン」と言います。自分だけのルーティンを見つけてください。ミスをしたあとにどう切り替えるのか……その方法論を知ることはとても大切です。

「応援される選手であったのか」

～ここまでは親と指導者の道のりでもある～

最終回、ツーアウト満塁――

前述したように君はヒットを打てるための「具体的にできること」を考えてバッターボックスに入ろうとしています。

その時に君たちにしてほしいことがあります。

ベンチの仲間の顔を見てください。

スタンドにいる仲間の顔、そしてお父さんとお母さんの顔を見てください。

打席の君に力をくれる人たちです。

打席の君は「自分のために」もちろんがんばってきたことでしょう。

でも「仲間のために」「親のために」もがんばってきたはずです。

だからこそ「仲間のお陰」「親のお陰」があってこの打席に立っていられるのです。

そのたくさんの「お陰」があって、今、君は「陽」が当たっているのです。

君を支えてくれた人たちの姿をバッターボックスの前に見てください。

君を支えてくれた人たちの力がこの打席で君に力をくれます。

「得体のしれない力」というやつです。

今まで、その力をくれるチームであったのか。

その力をくれる親であったのか。

その力をくれる指導者であったのか。

それぞれがこの場面で試されます。

逆に言えばバッターボックスの君も、たくさんの人に「応援される選手」であったのか。

この場面で試されます。

最終回ツーアウト満塁までの道のりは、
選手だけではなく親と指導者の道のりでもあります。

「奇跡を起こすチームの3つの条件」

～チームとしての軌跡が必要～

野球では時として「奇跡」と呼ばれるようなことが起こります。いろいろな場面で劇的なドラマのようなことが起こります。

ジャイアントキリングが起きる奇跡、最終回の大逆転劇、奇跡というのは本来起こることがないことが起こることを言います。奇跡というものはそんなに簡単に起こるものではありません。だから「奇跡」と呼ばれているわけですから。

しかし、「奇跡」と呼ばれるものを起こすチームには共通点があります。奇跡の「奇」という漢字をよく見てください。「可」能性が「大」きいと書きます。

では奇跡を起こす可能性が大きいチームとはどのようなチームなのでしょうか？

奇跡を起こすチームは周りの人間を味方につけます。どんな場面でも全力疾走をしているチーム。心から挨拶をしているチーム。仲間に笑顔で声をかけているチーム。それは野球の試合の時だけに限りません。地域清掃をしているチームであればその姿を見た地域の皆さんも応援してくれているはずです。
たくさんの応援があるチームは奇跡を起こす可能性が大きいのではないでしょうか。

皆さんのチームにもスローガンがあると思います。

「全員野球」「常笑軍団」「不撓不屈」

そのスローガンがただの飾りになっていないでしょうか。

逆境の時にこそスローガンを徹底しているチームは奇跡を起こす可能性が大きいのです。

「奇跡」を起こすチームには必ず「軌跡」があります。

辛い練習をみんなで乗り越えてきた軌跡。野球を辞めそうな仲間を支えてきた軌跡。我が子を支えてきた親の軌跡。選手を信頼してきた指導者の軌跡。

チームとしてがんばってきた軌跡があるチームは奇跡を起こす可能性が大きいのではないでしょうか。

奇跡はそうそう起きるものではありません。ですが、奇跡を起こす可能性が大きいチームは必ずあります。皆さんのチームはいかがでしょうか？

最終回ツーアウトになりました。ここから大逆転を起こすかもしれない「軌跡」が皆さんのチームにはあったでしょうか？

#「究極の場面をベンチで迎えられなかったときに思うこと」

～野球から学んだことはいつまでも心に残る～

甲子園がセンバツで賑わっている頃、春の大会の地区予選が各地で行われています。惜しくも予選で敗退してしまった選手は、残すは夏の大会のみになってしまいます。

そして、最後の夏に向けて、ベンチ入りを目指すためのチーム内の熾烈な争いが繰り広げられます。

春の大会で背番号をもらえなかった選手は必死です。

親御さんもそんな息子さんの姿を純粋に応援できない複雑な気持ちになっているかもしれません。

おそらくほとんどの選手が小学校から続けてきた野球、夏は炎天下の下、冬は厳しい冬練、目指していた甲子園。野球は生活の一部となっていたでしょう。そして、それは親御さんも一緒だったはずです。

野球を好きでなくなった時もあるでしょう。

それでも周りの人の支えでがんばってこられた。高校野球を最後までやり遂げた。でも、最後の夏にベンチに入れないかもしれません。そして、その時の気持ちはなった者にしかわからないでしょう。

悔しくてなんだか情けなくて、辛くて、親に申し訳なくて、自分への自信もなくなって……チームのためにと思っても、すぐに気持ちを切り替えられるものではありません。ですが、そこから「チームのために」と気持ちを切り替えることが大切です。ここで「チームのために」と思える人間と腐ってしまう人間とでは、この先の人生が変わります。

チームのために貢献しようと思う気持ちや行動がこの時の辛い気持ちや悔しい気持ちでいる自分自身を助けてくれます。だからこそ、この時のお子さんを親はしっかり見守ってあげなければなりません。親御さんにもいろいろな思いが交錯するでしょうが一番辛いのはお子さんですから。

それでもチームのために貢献しようとする息子さんを誇りに思ってください。

時が過ぎ、高校を卒業し、社会に出て、結婚をし、子供が生まれる。この頃になると、ベンチに入れた、ベンチに入れなかったということは、大きなことではなくなっています。

野球を通して何を感じとれたのか。野球をしてきたことが今の自分の人生にどう影響しているのか。誰とがんばってきたのか。高校野球が終わっても野球で学んだものは永遠に彼らの心に生きていきます。

COLUMN 5

「野球父」あるある！10選

1 中学生になると子供に技術的な話をしても言うことを聞かなくなる

2 草刈用の「マイ鎌」を持っている

3 冬になると焚き火の管理が絶妙に上手い父がいる

4 バッティングセンターでやたら熱く指導してしまう

5 スランプの時、祈るような気持ちでバットを買ってあげたくなる

6 夫婦のペアルックはチームＴだけになっている

7 母が当番の時は帰ってから機嫌が悪くなるので妙に気を遣う

8 遠征でナビにないグラウンドに焦る時がある

9 学生時代に野球部でなかったのに「野球っていうのはな……」と息子にお説教を始める

10 大差で負けていても「こっから！ こっから！」ととりあえず言ってしまう

……あるある（^_^;)

第6章

野球と出会えたから 野球をやり続けたから 心に響く感動の話

「野球最後の日に母だけに見せた涙」

笑顔がトレードマークだった息子。その笑顔が大好きだった母。そんな母と子の高校野球最後の日のお話です。

私たち親子の夏が終わりました。小学校1年から始めた野球、12年間の終わりを告げた日でした。

笑顔がトレードマークだった息子。

「一博の笑顔って本当に癒されるよね」

「一博の笑顔のお陰でチームが明るいんだよね」

そんな声をたくさん掛けていただきました。そんな息子に「最後も笑顔で終わろうね」そう話していました。

最後の夏、息子は「三塁コーチャー」でした。本間さんのブログを読んでいなかったら、最後の夏が三塁コーチャーという事実を受け止められなかった自分がいたと思います。その場所で思いっきり咲いて欲しいと思えるようになったのは本間さんのお陰です。

息子の夏は、4回戦で終わりました。泣き崩れる仲間を笑顔で慰める息子。その笑顔で立ちあがる仲間たち。息子らしい夏の終わり方だと思いました。

球場の外でのラストミーティング。他の選手が泣きながら親や監督さんへの感謝の気持ちを述べていました。しかし、息子だけはいつもの笑顔で、

「お母さん、今までありがとうございました」

その短いひと言だけ。

ラストミーティングが終わり、3年生の何人かがご飯を食べに行くことに……。息子は、

「俺は今日はいいや！　また今度！」

そう言って笑顔で仲間と別れました。「本当に行かなくていいの？　あんた？」そう聞くと、「ちょっと疲れたから今日はいいよ」と言う息子。

車に乗って二人で帰宅する途中、後部座席から息子のすすり泣く声が聞こえてきました。

泣き声はやがて大泣きへと変わっていきました。

その涙が負けた悔しさなのか、バッターボックスに立てなかった悔しさなのか私にはわかりませんでしたが、きっとみんなの前で泣けなかったのだと思います。みんなの前では笑顔で終わりたかったのだと。だから、私への挨拶もあえて短く、そしてみんなとの食事にも行かなかったのだと思います。

笑顔でいられる自信が息子にはなかったのかな……。

「笑顔で終わろうね」

そんな私のひと言もプレッシャーに感じさせてしまったのかもしれません。泣いている息子にこう言いました。

「たくさん泣いていい日だよ。笑顔じゃなくてもいいよ」

いつも笑顔がトレードマークだった息子。私だけに見せてくれた涙。これも母の特権だったのかもしれません。

最後の夏は笑顔で終わることはできませんでしたが、私には嬉しい涙でした。

「メンバーに入れなかった選手から親への手紙」

父ちゃん、母ちゃん、今まで支えてくれてありがとう。高校3年の夏、ベンチに入れることなく高校野球が終わろうとしています。試合に出られないのに、毎日弁当を作ってくれた母ちゃん。始発がないときに送ってくれた父ちゃん。ごめん。

母ちゃん、いつも無愛想な態度しか取れなくて堪忍な。試合に出られないときに、母ちゃんが作ってくれた弁当箱を開けるたびに泣きそうになるん。試合に出られないのに、毎朝早く起きてくれて弁当を作ってくれた母ちゃんの気持ちを考えると泣きそうになるん。玉子焼きを食べるたびに、ごめんなって思って。レギュラー取るからなって思ってたけど、最後までメンバーに入れんかった。

ほんま、ごめん。でも、母ちゃんの作ってくれた玉子焼きは最高だったわ！

父ちゃん、仕事で疲れているのに朝早く起きて車で送ってくれてありがと。ほとんど会話もなくて、でも、毎回、車の中で「体は大丈夫か？」って聞いてくれて、「うん」って言ったら、そこからはずっと無言。車を降りるときに、「野球、楽しんで来い」って、いつもそのふた言だけ。でも、今考えるとそのふた言が幸せだった。

父ちゃん、俺を野球という世界に導いてくれてありがと。

俺はこれからメンバー外としてサポートに回る。もう、選手としてグラウンドに立つことはない。メンバーの仲間をサポートする。本音は悔しいし、父ちゃんと母ちゃんに申し訳ないと思うし、自分の力のなさに腹も立つ。

でも、仲間を支える。

そう思えたのは、父ちゃんと母ちゃんがいつも俺を支えてくれたからなん。俺はメンバーに入れんかったけど、父ちゃんと母ちゃんにたくさん支えてもらった。母ちゃんの卵焼き、父ちゃんの言葉、会話は少なかったけど支えてくれたことはすごく感じてるよ。

今度は、俺がメンバーを支える。

支えるのって、支えたい人間だから支えるんだよね。父ちゃんと母ちゃんの気持ちが少しだけ、わかった気がするん。俺はメンバーじゃないけど、この仲間を支えたいから必死に支える、本当に支えたいと思えるから。
父ちゃん、母ちゃん、ベンチには入れなかったけど……高校野球やってよかった。
父ちゃんと母ちゃんの子供でよかった。父ちゃんと母ちゃんの子供だから、支える大切さを教えてもらったん。だから、これからは仲間を支えて、社会人になったら父ちゃんと母ちゃんを支える。

支えることって嬉しいんだって父ちゃんと母ちゃんに教えてもらいました。

「支える」という言葉は辛い、困難といったマイナスなイメージになってしまいがちですが、彼は野球とご両親のお陰で「支える」ことの素晴らしさを知った「孝行球児」になりました。

「一人きりの〝補欠〟選手が起こした軌跡と奇跡」

私が今のチームで指導を始めた頃は人数がギリギリの代もありました。10名のメンバーで戦っていた年代のお話です。

10名ということは、一人はベンチにいることになります。その一人になってしまう「彼」は技術的な面では他の9人とは差がある選手でベンチにいる機会が多い子でした。ですが明るさはチーム1。ともかくチームを盛り上げてくれていました。

背番号はいつも「10」。学童野球では10番は主将の番号ですが、リトルは主将の番号に決まりはありません。10人の中の「背番号10」はいわゆるスタメンから外れることを意味します。何とか彼に一度だけでも「一桁の背番号を」とも考え、スタッフで話し合いもしましたが、私たちは「スタメンにポジション通りの背番号を渡す」ことを方針として選手にも伝えていましたし、そういう意味で彼に一桁の背番号を渡すことは逆に失礼になるという判断をしました。

それでも彼は野球が大好き。公式戦の守りの時、彼はベンチで一人になります。が……、「レフト！　さっきライン際行ってる！　ライン際詰めて！」とスコアを見て野手に指示を出します。ボールボーイとしてファウルボールを全力疾走で拾いに行きます。攻撃の時は、リリーフの子に、「さあ！　ブルペン行こうかあ！」と第2キャッチャーを自ら買って出ます。そして10人の中で誰よりも大きな声で応援する彼の姿がありました。残りの9人も皆、彼を認め、心から感謝しているのがよくわかります。

彼のお父さんもお母さんもいつもグラウンドに来てくれていました。お母さんが私にこう言ってくれたことがあります。

「私、一度だけ言っちゃったことがあるんですよね。ベンチで一人でいる時、辛くない？って。あの子は〝お母さんにはわからないかもしれないけどベンチの仕事って忙しいんだよ。やることはたくさんあるし。それに俺がいるのはベンチかもしれないけど試合に参加しているから〟って。頭ガツーンって感じでした。親としてどこを見ていたんだろうと。

あの子は野球が好きなのはもちろんですが、きっとあの9人のことがそれ以上に大好きなんだと思います」

そう話してくれました。

卒団も近づいてきたある公式戦で、10人のチームは勝ち続け、あと一つ勝てばメダルまで届くところまできました。しかし、レフトを守る子が怪我。彼の出番がやってくることになったのです。嬉しさより不安が大きそうな彼に、

「公式戦でお前と同じグラウンドで戦えるの嬉しいわー」

「なんも心配いらねえぞ！　いつも通りな！」

「楽しんだもん勝ちだぞ！」

9人が次々に彼の背中をポンポンと叩きました。メダルがかかった大一番。彼は8番レフトでスタメン出場。ひとつのアウトを取るたびに全員がレフトの彼に声をかけます。ピッチャーの子も、キャッチャーの子も。長い間指導者をしていますが、ああいう光景は初めてでした。本来ならピッチャーに声をかける場面ですが、アウトを取るたびにレフトの「彼」に笑顔で声をかけるのです。

試合は3回を終わって0対0。4回……ツーアウト2塁のピンチ。相手バッターの打った打球はレフトへ……。ですが、彼のグローブからボールは無情にも落ちました。がっくり肩を落としている彼。切り替えないとまた次もやる。何か切り替えてあげられる言葉を彼に掛けないと……。そう思った時でした。

レフトにいる彼に向かって、

「大丈夫！ 大丈夫！ 想定内！」

と笑顔で声を掛けるナイン。信頼があるからこそこういう声がけができるのでしょう。

「また来るぞ！ 切り替え、切り替え！」

「楽しめ！ 楽しめ！」

「いつもの笑顔消えてんぞ！」

次々と彼に声を掛ける残りの9人。彼に笑顔が戻ってきました。スリーアウトを取ってベンチに帰ってきた彼に「おい！ 想定外だぞ（笑）」と私は笑って言いました。

爆笑する9人と彼。「よっしゃ！ まだまだ1点！」と活気づく選手。

ですが、なかなか点が入らず0対1のまま最終回へ。彼にまた笑顔が消えていきました。

「このまま負けたら……」

彼の頭にはそんなことがちらつき始めたのだと思います。

最終回は、６番からの攻撃。左中間を破るツーベース。７番バッターは三振。ワンアウト２塁で彼に打順が回ってきました。ここまでノーヒット。ベンチはものすごい応援。彼は緊張した顔でバッターボックスへ……。間をあけようと私はタイムをとりました。何と声を掛けようかと思った時、ベンチの選手全員が彼の名前を呼んでいます。

ベンチを見ると両手の人差し指をほっぺたに当てて満面な笑顔。

「楽しめ！　楽しめ！　笑顔！　笑顔！」

という彼らのサイン。

「一つだけ言うぞ。迷いを消せ。心に迷いがあればスイングにも迷いが出る。結果はいいから振ると決めたら思い切って振ってこい」

そう言って送り出しました。

初球、外角へ外れるボール。二球目、アウトコースを見逃してストライク。一球一球ベンチの仲間を見て深呼吸と笑顔を繰り返す彼。三球目、彼の放った打球は一塁後方へフラ

フラっと上がった小フライに、

（落ちろ！）

心の中でそう叫びました。

セカンドの子がダイビングキャッチをするも届かずボールはポトリと落ちたのです。二塁ランナーが帰って同点。ベンチはもうお祭り騒ぎでした。ベース上の彼を見ると笑顔で人差し指をほっぺたに当てたあのサイン。

（ああ野球ってこういうことがあるんだなあ）

心からそう思いました。その後、彼のヒットで勢いづいた打線は一気に4点を取り、試合は勝ち、彼らはメダルを取りました。試合終了後、試合中にあれだけ「笑顔！笑顔！」と言っていた彼らは全員泣いていました。

いい涙でした。彼の背中の「10」番がいつもより大きく誇らしげに見えました。

彼のお母さんは母の輪の中心にいて大泣きをしていました。母たちも全員が涙を流していたのです。

この年、彼が公式戦で打ったヒットはこの1本です。でも、今までに彼の声で仲間が打てたヒットは何十本もあります。そして、彼のあのヒットも仲間が打たせてくれたヒットだったのだと思っています。

私は彼と出会う前にベンチの選手を「補欠」と呼んでいましたが、この選手に出会ってからベンチの選手を「ベンチプレーヤー」と呼ぶようになりました。

指導者としてまだ駆け出しだった私にこの10人は「チームとは何か」ということを教えてくれました。

「うちの子は試合に出ていない」という親御さんがいらっしゃいますが、試合に出ていない選手はいません。スタメンもベンチも……。

皆んなチームのために戦っています。

「父と子のほろ苦いデビュー戦の話」

その日は子供にとってもお父さんにとってもある「デビュー戦」でした。

彼はそれまで外野手をしていました。肩が強いこともあり、私はピッチャーでも育てようと考えていました。

「今日からピッチングもやるぞ」

彼にそう言った時、

「よっしゃ！ 俺ずっとピッチャーやりたかったんです」

そう彼は嬉しそうに言いました。ところが、球は速いのですが、ともかくストライクが入らない。それでも、3ヶ月ほどピッチング練習を重ねなんとかコントロールも良くなってきました。

「明日の練習試合、後ろの2回投げてもらうよ」

そう彼に言うと、「やった！　ピッチャーデビューだ！　がんばります！」

目をキラキラ光らせて喜んでいました。

実はその練習試合にもう一つの「デビュー戦」がありました。彼のお父さんの「球審デビュー」です。彼のお父さんは、「野球経験がないのですが子供たちのために何か役に立ちたい」と審判の練習をずっとしてくれていました。一本打ちや紅白戦で練習し、いよいよ「球審」としてデビューする試合でした。

その選手より、お父さんのほうが試合前は緊張していたように思えます。

試合は3対0でリード。その時点で彼にピッチャーを交代しました。マウンド上で笑顔の彼。任せたイニングは2回。最初の1回はなんとか抑えたものの、最終回にフォアボールから崩れ始め、あっという間に同点に。なんとかツーアウトまできましたが満塁。マウンド上の彼から笑顔は消えていました。他のコーチから「ピッチャーを代えましょう」という声もありましたが、

「いや、2回はアイツに任せるって約束したし、この辛い場面はこれからのいい経験になるはずだから」

そう言って彼を続投させました。その時に思い出したんです。球審をしているお父さんのことを。

（お父さんにも辛いデビュー戦にしちゃったな）

そんなことを思いチラッとお父さんのほうを見ました。

カウントは3ボール1ストライクに。こういう場面を経験していないのですから思った通りにボールも行ってくれません。そして投げたボールはアウトコースいっぱいのいいボール。しばらく間が空いた後に「ボール！」。球審のお父さんの声が大きくグラウンドに響きました。サヨナラ負けです。マウンド上の彼は涙を流していました、涙を流す彼に整列を促す球審。子供にも父にもほろ苦いデビュー戦となってしまいました。

試合終了後にお父さんが、「本間コーチ、あれストライクでしたかね？」

そう苦笑いをしながら私に聞いてきたので「審判がボールと言ったらボールです」こちらもそう言って苦笑いをしました。

「あの一瞬の中でいろいろなことを考えました。泣いているヤツの顔を久しぶりに見ました」

そうお父さんは照れながら話してくれました。

「今日はお風呂でいろいろ話してみてください。いいお風呂になると思いますよ」

そう伝えました。

時が経ち、彼は高校野球へ。彼はピッチャーとしてがんばっていました。私が試合を観に行った時にお父さんが声を掛けてきてくれました。最後のバッターを見逃し三振で打ちとりマウンド上で笑顔の彼。

「最後のストライク、あの時、私も言いたかったなあ」

あの時のことを私もお父さんも思いだしました。そうおっしゃるお父さんに、

「あの試合があったらアイツも今があるんだと思いますよ」

そう言うと、お父さんは何度も何度も頷いて私にこう言いました。

「本間コーチ、あの日の風呂でアイツと辛いことがあっても高校野球までがんばろうな。そう話したんです」

少年野球は全てにおいて通過点です。この父と子も高校野球というゴールのテープを切りました。

「高校野球引退試合の日に我が子が言ってくれた言葉」

引退試合、ついにこの日がやってきてしまいました。2年生の春にはメンバーに選ばれたあなた。でも、私が背番号を縫えたのはその1回とこの引退試合。心ではわかっているけど、最後の夏にメンバーに入れなかったことを受け入れられない母でした。切なくて、悔しくて、引退試合の背番号を縫っている時、背番号に涙が落ちてきました。引退試合、私は観に行かないつもりでした。あなたの姿を観るのが辛いから。

試合当日の朝、「お母さん、思っていたより早く高校野球の終わりが来ちゃったけど今日がんばるから……じゃあ後でね」

素っ気ないけどそう笑顔で私に言ったあなたを見て、やっぱり球場に行くことを決めました。

スタンドにはいつも試合に出ている選手が応援に。マネージャーがこの日のために作ってくれた御守り……そして、グラウンドにはあなたの姿。少年野球からずっとあなたと追いかけてきた「甲子園」という夢。それが、今日で終わるかと思うと、また涙が出てきました。

試合が始まると、私と同じ立場の親御さんがみんな泣いています。それぞれの選手に、それぞれの親御さんにドラマがあったのでしょう。少年野球の時に優勝したこと、中学で野球を辞めたいと泣きながら私に言ってきたときのこと。いろいろなことが頭のなかを巡っていました。

8回、あなたは代打で登場。

これが高校野球最後の打席、この眼に焼き付けようとしたけれど、レギュラーの選手たちの応援。その中には泣きながら我が子に声援を送る選手も……。そして一緒の時間を過ごしてきた親御さんも泣きながら応援してくれている。眼に焼き付けたいけど、涙が溢れ出して……。あなたの最後の打席はショートゴロで終わりました。

ヘッドスライディングしたあなたの顔には笑顔が……。

やりきったんだね、野球を。悔いなく終われたんだね、野球を。全てが終わった、そう思っていました。

試合が終わりレギュラー選手が球場の外で迎えてくれました。揉みくちゃになりながら抱き合い、涙を流している姿。本当に終わってしまったんだな……そう思っていると、息子が今日の選手の代表として挨拶を始めました。

「皆さん、今日の引退試合で僕たちは終わりではありません。ここからです。ここからメンバーをサポートする本当の戦いの始まりです。お父さん、お母さん……だから、今日はまだありがとうございましたは言いません。メンバーの夏が終わる時まで……。その〝ありがとうございました〟は甲子園で言える夏にします」

この息子の言葉で、私の今までの悔しさや切なさにピリオドが打たれました。まだ終わりじゃなくて、始まり。メンバーを全力でサポートする息子を、私も全力でサポートする夏にします。まだ終わりじゃなくて、これから始まる夏。幼い頃から一緒に追いかけてきた「甲子園」の夢。息子のお陰で、息子のあの言葉でまだ夢を追いかけられます。

ありがとうね。ありがとう、野球。

「サヨナラエラーが生んだ〝済みません〟の強い気持ち」

すみません。この言葉を皆さんはどんな時に使うでしょうか？

この言葉は自分に非があった時や悪いことをしてしまった時に皆さんも使うことでしょう。当然こういう時には「すみません」を言わなければなりません。

今の子供の中には「すみません」という言葉の代わりに、自分を守る言い訳をする子や「すみません」の重みを考えずにこの言葉を使う子がいます。すみませんという言葉は本来、自分の失敗を認めて反省し、次への糧にする言葉です。

リトル最後の試合である子がサヨナラエラーをしてしまいました。この試合で彼らはリトルリーグを引退することになるのです。

「本間コーチ、すみません。すみません……」

そう何度も言いました。彼は「練習の虫」で、チームで一番練習をしていた子でした。

そして人一倍気が強い選手でもありました。当然のことながらチームの仲間も誰も責めることなく、彼に声を掛ける選手や肩を抱きかかえる選手がいました。「すみませんなんて言わなくていい。今まで本当にがんばった。ありがとうな」私は彼にそう声を掛けました。私自身も彼のがんばりを知っていましたし、「すみません」という場面ではなかったからだと思っていました。

それでも彼は、「本間コーチ、すみません……」そう繰り返しました。


数週間後の卒団式の時に彼に手紙を書きました。

「あの時、君は何度もすみませんと言ったね。一生懸命にがんばってきた君だからあえて〝すみません〟を受け取ります。

ただあの時のすみませんは〝このままで済みません〟という意味だとして受け取っておきます。このままでは終わらない……次に繋げるための〝済みません〟だと思って心に刻んでおきます。これからの君の野球人生の〝済みません〟を楽しみにしています」

そう彼に最後の言葉を贈ったのです。

彼が高校球児になり3年生の夏の最後の大会を観に行きました。スタメンを外れたり、いろいろな苦労がありながらも最後の試合をスタメンとして終えることができました。

試合が終わった後、彼のお母さんがこんなことを話してくれました。

「あの子、本間コーチからもらったあの手紙を何かあった時に必ず読み返していたんですよ。スタメンから外れた時も、先生に叱られた時も……その後に〝俺は絶対このままじゃ終われねえ！〟って言ってたんですよ」

あの時のエラーは彼を強くしてくれたんだなと、あの時の〝済みません〟が彼を強くしてくれたんだなと。そう思うと自然と涙が溢れてきました。

人間は「すみません」という場面がたくさんあります。それは子供だけでなく私たち大人も一緒です。

ですが、その「すみません」を「済みません」に変えることで未来の自分が変わるのかもしれません。

「たった一人の仲間へ贈った感動のガッツポーズ」

私の教え子の話です。彼はリトルを卒団後、強豪クラブチームに進み、甲子園出場経験のある高校へ進学していきました。

野球に対しての意識も高く、何よりも野球が好きだという彼の野球を見るのが楽しみだったのですが、その彼が高校2年に野球を辞めたという噂が耳に入ってきました。

一番辞めるタイプの子供ではなかったので驚きました。

彼からは連絡がなくお母さんから「野球を辞めた」という連絡をいただきました。お母さんは本人から私に連絡するよう言ったようですが、

「合わせる顔がない」

ということでした。

彼は野球部を辞めましたが学校には残っていました。しかし、その後、彼の悪い噂が耳

に入るようになってきたのです。そういう噂を聞くたびに「彼を信じたい」という気持ちと「月日の流れ」を考える気持ちが交錯していたのを思い出します。

彼らの年代が高校3年生の最後の夏を迎えた時です。私は、仕事の関係上、全員の試合を見ることはできませんが、一人でも多くの教え子の夏をこの目に焼き付けたいと思っています。

ある教え子の試合があり、その子の「最後の夏」を見届けた後、時間があるので次の試合も見ていこうと対戦カードを見ると、あの「彼」の高校の試合でした。

「野球を辞めていなかったらここで彼の最後の夏を観られたかもしれないな」

そんなことを思いながら試合を観ていました。

試合は彼の学校が予想外の劣勢の展開になっていました。5回が終わり、スタンドを見回した時でした。

応援席から遠く離れた観客席の最上階にポツンと一人で試合を観ている高校生がいました。伸びた髪の毛、その髪の毛は茶色くなっていましたが、あの彼でした。声をかけようかどうか迷いましたが、ここで声をかけなければ後悔すると思い彼に近寄っていきました。

私を見つけた時、明らかに狼狽した彼がいました。

「元気か?」

そう聞いた私の質問に、

「本間コーチ……すみません、俺……」

と答える彼。

「元気ならいいんだよ」

そう返すと彼はポツリポツリと今までのことを話してくれました。高校に入って自分の実力に限界を感じてしまったこと。野球がつまらなくなり辞めてしまったこと。辞めたけど野球は嫌いになれなかったこと。

一つ一つを噛みしめるように話してくれました。

そして、野球部員の何人かに試合を観に来てくれと言われて、今日来たことも話してくれました。

「そっか、よく来たじゃんか」

そう言うと、

「迷ったんですけど……」

そう彼は答えました。

高校野球を辞めた子にとって高校野球の試合を観ることがどれだけ辛いかを私は知っています。この彼も球場に来るまで相当な葛藤があったはずです。野球は辞めてしまったけど仲間のひと言が彼を動かしたのでしょう。

そして、彼のチームがタイムリー2ベースを放ち逆転に成功しました。タイムリー2ベースを放った選手が右手の拳を高々と挙げていました。

その選手はベンチにガッツポーズをした後、ポツンと座っていた彼のほうに向けて右手を何度も何度も挙げていました。

話を聞くと、いつもキャッチボールをしていた相手だったそうです。今日、彼に試合を観に来てくれと言った仲間の一人だったそうです。

彼の目から涙がこぼれているのがわかりました。なぜだか一緒にいる自分も涙が溢れてきました。

「観に来てよかったな」

そう言うと彼は涙で返事ができない代わりに何度も何度も頷いていました。それから半年後、彼はリトルのグラウンドに来ました。

「あれから一生懸命勉強して大学に合格しました。大学で準硬か軟式かわからないけど野球をやろうと思います」

リトルのころと同じ笑顔で彼はそう話してくれました。

野球を一度は辞めてしまった彼ですが、あの仲間のガッツポーズがまた彼を動かしたに違いありません。

あの時、たった一人の彼のためにガッツポーズを送ってくれた選手に心から「ありがとう」の気持ちでいっぱいです。

少し遠回りしたけど、彼は仲間のおかげでまた野球に戻ってきました。

「野球を辞めたい我が子に母が贈った言葉」

「笑ってなんぼだよ」

母はいつもそう言って息子に語りかけました。

彼が野球を始めたのは小学2年生の時。はじめは楽しくて仕方がない野球がだんだん辛いものに変わっていきました。

彼は何度も「野球を辞めたい」そうお母さんに伝えたそうです。ですが母は毎週彼をグラウンドに連れていきました。

車の中でも、「笑ってなんぼだよ。楽しんだもん勝ちだよ」母は口癖であるその言葉を彼に話していました。

でも、「もう笑えないよ」彼はそう話しました。

野球を辞めたい。

我が子がそう言った時にそれが一時のものなのか、本当にもう野球が嫌いになったのかを判断するのは非常に難しいことです。そして、その時の親の行動も、このお母さんのように毎週グラウンドに連れていくことが正解なのかもしれませんし、少し時間を空けることが正解なのかもしれません。

彼は野球の日の朝、必ず自らユニフォームに着替えたそうです。本当に野球が嫌いなら、ユニフォームに着替えないのではないか……と母は信じていました。

でも、お母さんも送りに行く車の中で、

「笑ってなんぼだよ！　楽しんだもんだ勝ちだよ！」

そう我が子に言いながら子供に見つからないように涙していました。

夏は熱中症になってしまうことが多かったり、グラウンドに行っても練習できない日が続きました。その時に彼はスタメンの座を取られてしまったのです。

その日に彼は泣きながら、「新しいグローブを買って欲しい」とお母さんに頼んだそうです。

これを機に彼は、「野球に行きたくない」と一切言わなくなったそうです。悔しさが彼を変える「野球スイッチ」になったのでしょう。

少年野球が終わり、彼は中学で野球を続けるかどうか悩んでいました。

お母さんは、

「もう自分で自分の道を決めなさい。ただ、私があなたを野球嫌いにさせてしまったのならごめんね」

そう彼に話したそうです。

彼は、中学でも野球の道を選びました。今では誰よりも早く笑顔でグラウンドに行く選手になりました。

「笑ってなんぼだよ」

という母の教えはきっとこれからの彼の心にずっと生き続けていくでしょう。

彼の名前は「暖《だん》」君。母の暖かさを知った暖君は、その暖かい心で仲間の気持ちがわかる選手になるでしょう。

「責任感の強い三塁コーチャーが迎えた最終回ツーアウトの話」

あの夏からもう5年の月日が流れました。

小学校から野球をやり始めたあなた。「野球をやりたい」と言いだした時、「お当番とか大変なんだろうなあ」「人間関係がなんだかめんどくさいなあ」そんなことを考えていました。

でもグラウンドに行くと、「あれ? 家でこんな笑顔を見せたことないなあ」とある日気付きました。笑顔も、泣き顔も、悔しそうな顔もそれは家ではなくグラウンドでしか見られない表情でした。

中学はクラブチームに入り、「強い高校で野球をしたい」そう言ってあなたは強豪校と呼ばれる高校に進学しました。高校入学後、上には上がいることを思い知らされました。それでもあなたは持ち前の元気でがんばっていましたね。

辛い顔ひとつ見せず、

「母ちゃん！　今日も弁当美味かったわ！　ありがと！」

そう言ってくれるあなたを見て私も元気をもらっていました。

高校2年の秋、初めてのメンバーに選ばれたあなた。ポジションは「三塁コーチャー」。

「元気な声と的確な判断ができる」

先生がそう言ってくれたと嬉しそうに私に話してくれましたね。周りのお母さんからもあなたの三塁コーチは元気をもらえると言っていただいていたのよ。でもね、お母さんはちょっぴり「試合に出ているあなた」を見たかったのです。この時までは……。

最後の夏、あなたはメンバーに選ばれました。試合前日に、

「母ちゃん。最後の夏、俺はバットとグローブを持って野球をしていないかもしれん。でも三塁コーチャーに俺は誇りを持っとる。ベンチに入れなかったヤツの気持ちも考えて右手をグルグル回すから……よく見といてな」

こう言ってくれました。

私が思っている以上にあなたは野球に「成長」させてもらっていたのですね。

チームは勝ち進み、あなたが右腕をグルグル回す姿を何度も見られました。

そしてあの準々決勝、甲子園まであと3つ。試合は行き詰まる接戦になりました。1対2の劣勢のまま試合は最終回へ。

最終回2アウトながらランナー2塁、バッターが放った打球はセンター前へ。3塁コーチャーのあなたは右手をグルグル回していました。砂煙から見えた審判のジャッジは、「アウト!」……。

あなたの「ポジション」である「コーチャーズボックス」の中で泣き崩れる姿。審判に整列を促されてもなかなか立ち上がれないあなたがいました。責任感の強いあなたは「自分のせいで負けた」そう思ったのでしょう。

試合終了後、ダッグアウトを出て球場の外に出てきた選手たち。まだ涙が止まらないあなたはほかの仲間に抱きかかえられるようにして出てきましたね。

「俺のせいで負けた、みんな本当にごめん」

そう言って泣きながら話したあなたに、

「お前のせいで負けた試合なんか1試合もない。だけどお前のお陰で勝たせてもらった試合はたくさんある。ありがとう！」

こう言って肩を支えてくれた仲間たちがいました。

野球やっていて本当に良かったね。この高校を選んで本当に良かったね。


あの夏から5年。

あなたが野球をしている姿を思い出す時、手にグローブとバットを持っている姿ではなく、右手をグルグル回す姿です。

私を「ランナーコーチャーの母」にしてくれてありがとう。

私たち親子の「高校野球最後の夏」はせつなさも残ったけど、野球の素晴らしさを教えてくれました。

今……彼は指導者への道を歩み始めました。

「マネージャーの夢を叶えた高校球児の話」

私の娘の話です。娘は小学校の時から兄弟と野球の大好きな父の影響で野球をやり始めました。リトルリーグ、中学はソフトボールの道へ。高校からも「ソフトボールでうちにきてください」とお話をいただきました。

彼女は悩んで、悩んだ挙句、「私は高校野球に携わりたい」父にそう話しました。父は「プレーヤー」でなくなる娘を応援できるのだろうかと悩みました。でも、娘が決めたことだからと応援することに決めました。

彼女が選んだ高校は甲子園出場もあり、部員は140名を超える学校でした。

朝は部員より30分前に学校へ。終わりは部員が帰ってから。「マネージャー」は娘が想像していたものより厳しかったのだと思います。

時々、電車で寝過ごしてしまい「パパ、迎えに来て」そういう電話もありました。それ

でも、

「今日、〇〇がホームラン打ったんだよ」

「今日、〇〇たちとご飯食べに行ってくるね」

話す内容は部員のことばかり。マネージャーは野球が好きなだけではできないのだと思います。部員のことを本当に好きで、部員にも愛されて、そうでなければあの厳しい生活を乗り越えることはできなかったでしょう。

娘の最後の夏、初戦に行く娘を車で送りに行きました。何度も何度も通ったこの道。お互い忙しい父と娘はこの送りに行く車の中だけがゆっくりと話せる時間でした。

「お前、本当は野球、やりたくなかったんじゃないか?」

そう父が尋ねると、

「パパ。私に野球があることを教えてくれてありがとう。野球があって本当に良かった。ハマスタのベンチで楽しんでくる」

そう笑顔で車を降りました。私は涙を流し、「少しでも、一日でも、彼女に長い夏を……」そう願いました。

娘の「じぶん史上最高の夏」は神奈川ベスト16で終わりました。

「部員より先に泣かない」

そう言っていた彼女は誰よりも早く涙を流しました。

それから4か月後。卒部式で紅白試合が行われることになりました。娘にはずっと思い描いていた願いがありました。娘の学校はマネージャーがグラウンドに入ることが許されていません。

「一度でいいからみんなと同じグラウンドに立ちたい」

娘はそう願っていたのです。紅白戦で娘は「マネージャー」としてベンチでスコアをつけていました。みんなとの最後の試合。ベンチの娘は笑顔が絶えません。試合も終わりに近づいたとき、守っている部員の一人が急に「タイム!」を球審に要求。周りも「何?どうしたの?」という雰囲気に……。

するとと内野がみんなマウンドに集まり、ベンチにいた娘に全員が笑顔で、「来い!来い！」の合図。ベンチから出てきた娘……。

まさかの伝令です。マウンドに行き、みんなと何やら笑顔で話した後、

「絶対勝つぞー」

と娘の声がグラウンドに響きました。

「みんなと同じグラウンドに一度でぃいから立ちたぃ」

その想ぃを知っていた部員からのサプライズでした。

私はその姿を見て涙が止まりませんでした。娘をここまでがんばらせる人間にしてくれてありがとう。こういう君たちだから娘はがんばれたのだと感じました。

そして、娘にも、ありがとう。

人を応援するというのは義務などではなく、心から「応援したい」って思えるからなのだと思います。

娘が応援したいと思った１４０名の部員。その娘を応援してくれた方々。心より感謝しています。娘、無事に大学に合格しました。

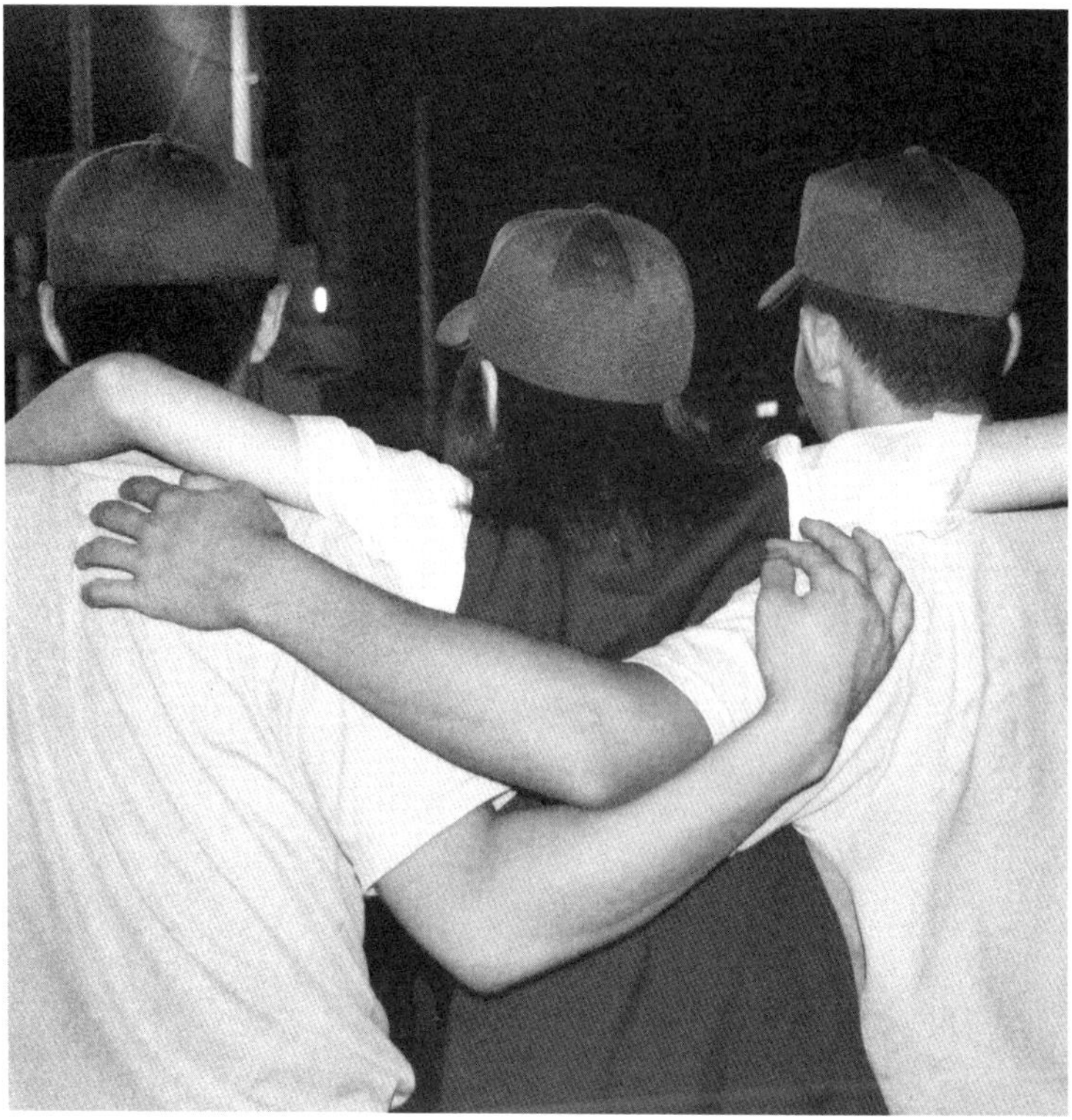

「応援団長の我が息子
～私が産んだ子なのか～」

15歳で親元を離れ……、高校球児が「孝行球児」になってくれました。

試合が終わり、寮に息子が帰り、私は新幹線の中でした。

「今まで、ほんまにありがとう」

ラインに一行だけ入った瞬間、涙がとまらず……となりのおっちゃん、びっくりしたと思います。

ベンチには入れなかったけど、大応援団をまとめて、鼓舞する姿は、私の知らない息子の姿。最後の瞬間まで、仲間を信じ応援していました。負けた瞬間の息子の背中が忘れられません。

真っ直ぐグラウンドを見つめていました。振り返ったら、退場指示をテキパキと行い、最後の最後までスタンドに残り、与えられた仕事をこなしている姿を「私が産んだ子？」

と何度も思うほどでした。

野球をしに、15歳でバットと野球バック1つだけを持って神戸から東京に一人で向かいました。日々いろいろあったであろう2年半。なんも心配させることを言うてきませんでした。

それどころか、3年になった息子は、ことあるごとに「ありがとう」と言ってくれるのです。

息子は、仲間、監督、コーチのおかげで、男に成長してた。私は、幸せなおかんです。


昨日、あと2つで甲子園というところで敗退してしまった選手のお母様の言葉です。寮生活、母はいろいろ心配だったことでしょう。でも、遠く離れていても心は繋がっていたんですよね。日本全国の空が甲子園に繋がっているように——

ベンチには入れなかったけど、大応援団をまとめた彼。そして、それを見守った母。高校野球の終わり方はそれぞれです。ですが、この母子のように終われる夏が、これからの人生を優しいものに変えるのではないでしょうか。

終わり方……とても大切です。

どこで終わったのかではなく、どう終われたのかなのです。どういう心で野球をしてきたのか、それが終わり方に影響してくるのです。

この彼は昨日、高校球児から孝行球児になりました。そして母は、高校球児の母から孝行球児の母になりました。彼の額にはハチマキ焼けの跡がありました。その跡こそが、彼の高校野球生活の証です。

試合が終わり、グラウンドを向いている背中を見てチームメイトの母がこう言ってくれたそうです。「あの背中でみんなを引っ張ってきたんだよ」と……。

そして、その彼は、母の背中を見て育ってきたはずです。

おわりに

野球少年の皆さん、高校球児の皆さん、野球が好きですか？　野球が楽しいですか？　いろいろなことがあって野球が嫌いになってくることや野球が楽しくなくなることもあるはずです。監督・コーチとうまくいかない。仲間とうまくいかない。なかなか試合に出られない。なかなか上手くならない。故障が長引いて気持ちが切れそうだ。

そんな思いもあるかもしれません。

「野球が好き」そう言うことは簡単です。ですが……「野球を好きであり続ける」ことは簡単なことではありません。今、野球が好きでないというなら何かが起こっているのでしょう。「野球を好きであり続ける」ためにずっと走ってきた君だから悩むのです。

少し止まってもいいんです。疲れてしまったら、走り続けて疲れてしまったら、勇気を持って止まってみましょう。「歩く」という漢字は、少し止まると書きます。走り続けていた君には見えなかった景色が、歩いたり止まることで見えることがあります。止まって上を見たら……空の大きさに気づき、自分の悩みが小さいと感じるかもしれません。止まって下を見たら……懸命に生きている雑草の力強さに勇気をもらえるかもしれません。

立ち止まるから見える景色もあります。富士山を登る時だって、ずっと走って登ることは無理なはずです。時には歩き、時には止まることもあるはずです。でも、上を見ながら歩いたらつまずくし、下を見ながら歩いたら、何かにぶつかってしまいます。

君が見たい景色は前にあるはずです。眼は前に歩くために、前についています。だから、少し止まったら……やっぱり前を見て歩こう。「野球が好き」という気持ちだけあればまだ君は前を向けるはず。

最終回ツーアウト満塁の場面で打てるバッターは「野球が好きな選手」であることが大前提なのです。


〜年中夢球〜

年中夢球（本間一平）

学童野球・クラブチームの指導者を20年。人数が少ないチームから県大会優勝・関東大会準優勝にチームを導く。メンタルスペシャリストの資格を取得。「心の野球」をテーマしたブログが選手・指導者・親に支持されSNSでは50,000人以上のフォロワーを持ち、指導者や親の間ではカリスマ的存在となる。2018年に発売された初の著書『球育』は大ヒット作となり、読んだ親や指導者からは「今までの野球観」が変わったとの声が多く挙がった。また、野球講演家としても全国を飛び回り、選手だけでなく指導者や親に「心の野球」の重要性を講演している。

ブログ・講演会等のお知らせは https://nenjyu-mukyu.com/ から。

球極

2019年3月22日 初版第一刷発行
2022年8月 1 日 初版第六刷発行

著者　年中夢球
発行人　片村昇一
編集　藤森邦晃
発行所　株式会社 日本写真企画
〒104-0032 東京都中央区八丁堀4-10-8 第3SSビル601
TEL　03-3551-2643
FAX　03-3551-2370
デザイン　草薙伸行（PLANET PLAN DESIGN WORKS）
カバー写真　Shoji Fujita/GettyImages
写真提供　buchiko、yosshy、kungfupanda__chan、暖ママ
トムズグラフィックス、チーム野球フォト
協力　観音寺マリンズスポーツ少年団
多留姫少年野球、平川レッドスターズ、宜野湾ベースボールキッズ
昭和学院高等学校硬式野球部　三重県立川越高等学校硬式野球部
印刷所　株式会社 東京印書館

ISBN978-4-86562-089-4　C0075